国旗・国歌と「こころの自由」

歴史と法規範から検討する

神奈川「こころの自由裁判」弁護団代表
大川隆司 *Ookawa Takashi*

高文研

◆──もくじ

Ⅳ 国旗・国歌に対する忠誠義務は存在しない

装丁＝商業デザインセンター・松田礼一

はじめに

✣「11・30通知」――東京についで神奈川でも

神奈川県教育委員会は二〇〇四年一一月三〇日、教育長の名で、「入学式及び卒業式における国旗の掲揚及び国歌の斉唱の指導の徹底について」と題する通知を、県立学校（高等学校、盲・ろう・養護学校）の全校長あてに発しました。

この「11・30通知」は、「東京都を見習って、国旗・国歌の強制を徹底せよ」という自由民主党の一部県議の議会での追及に対応して発せられたもので、入学式・卒業式では、国歌斉唱時に教職員が起立するよう指導を徹底することを校長に求め、もし教職員が校長の指示に従わない場合には「職務上の責任を問い、厳正に対処していく」という県教委の考えを宣言したものでした。

「11・30通知」以降、県下の各学校現場においては、教職員および子どもに対して「国旗に向かって起立し、国歌を斉唱せよ」という強制が前にもまして強力に推進され、処分をおそれて心ならずも起立・斉唱に加わる教職員が増えています。

この現状を打破するため、県立学校教職員有志一〇七名（高校教職員61名、盲・ろう・養護学校教職員46名）が二〇〇五年七月二七日、横浜地方裁判所に対して、「国旗国歌に対する忠誠義務不存在確認訴訟」を提起しました。原告らが掲げる「請求の趣旨」（裁判所に求める判決の主文）は、

「各原告と被告（神奈川県）との間において、各原告が、その所属する学校の入学式・卒業式に参列するに際し、国歌斉唱時に、国旗に向かって起立し、国歌を唱和する義務のないことを確認する」

というものです。

✣「確認の訴え」という裁判

この訴訟の類型は、すでになされた懲戒処分の取消しを求める訴訟とか、さし迫っている処分の事前差止めを求める訴訟とは異なり、処分や職務命令の前提・根拠となるべき「起立斉唱義務（忠誠義務）そのものが存在しない」ことの確認を裁判所に求めるもので、行政事件訴訟法において「公法上の法律関係に関する確認の訴え」と呼ばれているものです。

この類型の訴訟は、従来から認められていなかったわけではありませんが、実際上ほとんど

活用されてきませんでした。しかし、二〇〇四年の行政訴訟法の改正に際し、「国民の権利利益の実効的な救済を図る観点からは、確認訴訟を活用することが有益かつ重要」であるという考え方に基づき、明文で確認されました（行政事件訴訟法４条後段）。その意義はきわめて大きいと、私たちは考えます。

たとえば、在外国民に小選挙区選出議員の選挙権を認めていない公職選挙法が憲法違反であることを主張して、①選挙権が存在することの確認と、②選挙権が侵害されたことに対する国家賠償を請求した訴訟について、一審（東京地裁）も、二審（東京高裁）も請求を認めませんでした。とくに、①の確認請求訴訟は、そもそも「不適法な訴え」であるから中味に入るまでもなく門前払いにする、というのが一、二審の判断でした。

しかし二〇〇五年九月一四日、最高裁大法廷は、原判決を破棄して、①②の請求をいずれも認容しました。

①の「選挙権確認請求」に対応する最高裁判決の主文は、

「上告人らが、次回の衆議院議員の総選挙における小選挙区選出議員の選挙……において、在外選挙人名簿に登録されていることに基づいて投票をすることができる地位にあることを確認する」

というものです。これが「公法上の法律関係に関する確認の訴え」の典型です。

✣求めているのは国旗・国歌への「忠誠義務」の不存在

「法律関係」とは、権利・義務の存在・不存在の関係のことです。在外国民選挙権訴訟では「投票をすることができる地位」という権利の存在確認を求めたのですが、私たちの訴訟では「国旗に向かって起立し、国歌を唱和する義務」の不存在確認を求めているのです。もっとも、「国旗国歌に対する忠誠義務不存在確認請求事件」という、裁判所向けのネーミングはあまりにも長いので、運動上のニックネームは神奈川「こころの自由裁判」と名付けました。

東京都の先生たちが二〇〇四年一月以来提起している「予防訴訟(注)」と、私たちの訴訟は実質的争点を共通にしています。私たちの訴えの提起自体が東京の皆さんへの応援になれば、うれしいと思います。

〔注〕予防訴訟＝東京都教委による卒業式・入学式等における国旗・国歌への「起立・斉唱・ピアノ伴奏」の強制に対して起こした裁判。一般的には処分が出されて、撤回裁判をするのが普通だが、行政などの権力行使に対し、事後では回復できない重大な損害が予想される場合、処分が出される前に、命令そのものが不当・無効であることを問うもの。〇五年一〇月現在、都立学校の四〇〇名を超える教員が原告となり、都教委と石原慎太郎知事を被告として裁判中。

I

神奈川県立学校で今どんなことが起きているか

1　起立・斉唱強制に関する県教育行政の歩み

小学校、中学校および高等学校の各学習指導要領の中に、「入学式や卒業式などにおいては、その意義を踏まえ、国旗を掲揚するとともに、国歌を斉唱するよう指導するものとする」という規定が登場したのは、一九八九年版が最初です。この「89年版指導要領」以後、入学式・卒業式において日の丸掲揚・君が代斉唱を実施する学校の数は、全国的に著しく増加しました。

しかし神奈川県では、89年版指導要領以降も実施率の低い状況が続きました。たとえば、全国の都道府県で神奈川県、東京都、三重県の三都県だけは、一九九八年度の入学式で「君が代」斉唱の実施率（全学校のうち、実施した学校の比率）が10％に達しませんでした。その実施率が低いために、神奈川県は東京都と並んで文部省に目を付けられていました。文部省の意を受けて、県教委による強制はどんどんエスカレートしました。

今のところ、四七都道府県と一三政令指定都市のうち「君が代」斉唱時の起立を教職員全員に求めているのは東京都と大阪府、神奈川県、広島県、北九州市の五団体、そのうち文書によってこの方針を示しているのは、東京都、神奈川県および広島県の三団体です（05年3月22日付朝日新聞）。

✣「国旗・国歌法」制定以前の状況

89年版指導要領は、九四年度から本格的に実施されました。これに先立ち、神奈川県教育長は県立学校長あてに「県立学校の運営に関する当面の留意事項について」と題する通知（94年1月13日）を発し、その中で、「この要領の趣旨に則った国旗・国歌の取扱いを行うことについて教職員に周知徹底を図ること」を求めました。

この94年通知は、各学校の教職員全員によって構成される職員会議は校長の〝補助機関〟にすぎないとして、「入学式や卒業式などにおける国旗の掲揚、国歌の斉唱の実施は、校長自らの権限と責任において行う」よう校長の尻をたたきました。

しかし、94年通知は、国旗掲揚・国歌斉唱の実施方法の細目にはふれず、また教職員に対し、懲戒処分をもって脅かすことまでを校長に求めるものではありませんでした。そのため、この通知直後の九三年度卒業式、九四年度入学式における君が代斉唱の実施率は、それぞれ3％および2・4％にとどまっていました。

こうした状況に対して、「国歌の斉唱率が極めて低い」ことを指摘し、その実施に向けて徹底を図るように求める教育長の通知が、九六年一月二三日に、また指導部長通知が九八年三月一八日に発せられています。

とくに98年通知は、その年の五月に国民体育大会が神奈川県で開催されることを強調し、この機会に、国旗・国歌問題については「終止符を打ち」、「平成一〇年度の入学式には、すべての県立学校において国旗の掲揚及び国歌の斉唱が完全実施」されることを求めました。

この頃、国旗掲揚の実施率は95・３％（97年度卒業式）ないし95・９％（98年度入学式）に達しましたが、「君が代」斉唱の実施率は５・９％（97年度卒業式）ないし７・１％（98年度入学式）にとどまりました。

こうした状況をにらんで文部省は、九八年一〇月一五日付で初等中等教育局長通知を発し、「一部の都道府県において依然として実施率が低い状況」があることを指摘し、「改めて指導の徹底」をはかることを各都道府県・政令市等の教育委員会に求めました。

文部省通知を受けて神奈川県教育長は、「残念ながら依然として指導が徹底されていない学校がある」ことを九九年二月一二日に各学校長に通知するとともに、三月一五日付で県立学校長会議を招集し、「取り組みの更なる徹底」を求めました。これにより九八年度の卒業式における国旗掲揚率は98・２％、国歌斉唱率は16・０％、九九年度入学式における国旗掲揚率は98・２％、国歌斉唱率は26・６％にアップしました。

「国旗・国歌法」制定前夜における県立学校の状況は、このようなものでした。九三年度卒業式から九九年度入学式までの五年間に国歌斉唱率は３・０％から26・６％へと大幅に伸びましたが、県教育長の通知自体の中では、校長に対し、指示に従わない教職員に対して懲戒処分がありうることを示唆せよとまでは命じていませんでした。

ただし、九九年三月一五日の前記県立学校長会議においては、配布された資料の中で、「儀式的行事としての卒業式の指導例」として、式場における国旗や関係者の配置図、および国歌斉唱を組み込んだ「式次第」が示され、この例に従うよう指導されました。

✣「国旗・国歌法」による「全校実施」の実現

国旗・国歌法は一九九九年八月一三日、制定・公布され、即日施行されました。国旗・国歌法は、

（国旗）
第一条
1　国旗は、日章旗とする。
2　日章旗の制式は、別記第一のとおりとする。
（国歌）
第二条

1　国歌は、君が代とする。
2　君が代の歌詞及び楽曲は、別記第二のとおりとする。

とあるだけで、国旗掲揚や国歌斉唱については何も述べてはいません。しかし文部省は、九九年九月一七日付で初等中等教育局長・高等教育局長連名の通知を発し、「この法律の制定を機に、国旗及び国歌に対する正しい理解が一層促進されるよう」各県教委等に求めました。

それを受けて神奈川県教育長は、一〇月二一日付で県立学校長に対し、この文部省通知を伝達し、また一一月五日付で「本県においては、依然として指導が徹底されていない学校が多い」ことを指摘し、「改めて国旗及び国歌の指導を適正に実施」することを求める通知を発しました。こ

◆神奈川県公立学校の卒業式における日の丸・君が代実施率

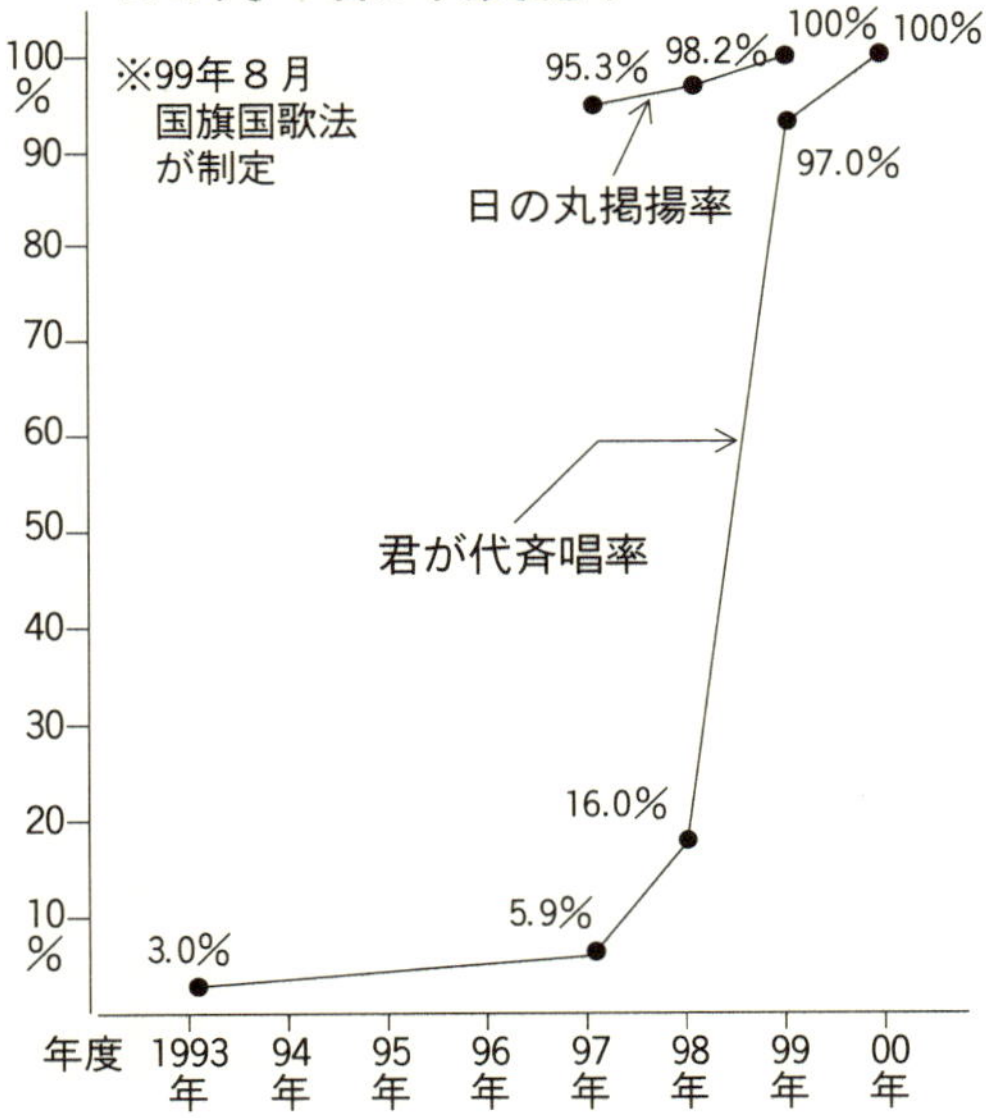

の99年11月通知は、校長に対し「入学式や卒業式の実施形態及び教職員の業務分担のあり方などを明確に示す」こと、および「教職員が校長の指示に従わない場合や妨害行動を行った場合には、服務上の責任を問われることがある」ことを周知徹底することを求めた、はじめての通知でした。

この通知とあわせて、一一月五日には県立学校長会議が招集され、県教委教育部長から、「国旗掲揚については、式が行われている間、式場に掲げ、国歌斉唱については式の中にはっきりと位置付けて、斉唱を呼びかけるということが基本である」旨が指示され、さらに同日付の高校教育課長の「事務連絡」により、九九年度卒業式、二〇〇〇年度入学式における国旗掲揚・国歌斉唱に関する各校長の「取組み状況」を、所定の「調査用紙」に記入して、九九年一二月三日までに回答することが指示されました。

こうした「手を取り足を取る」ような指示と恫喝の徹底によって、九九年度卒業式における国旗掲揚率は100%、国歌斉唱率は97・0%、二〇〇〇年度入学式における国旗掲揚率は100%、国歌斉唱率は98・8%に達したのです。

✣「全校実施」の達成から「実施形態の画一化」の追求へ

県教委は、二〇〇〇年一二月四日付県教育長通知により、さらに踏み込んで「全県立学校で国旗が掲揚され、ほぼ全校で国歌が斉唱されたこと」は「成果」だが、「従来よりお願いしているものとは異なる事例が多く見受けられる」と指摘し、「一層の努力」を校長に求めました。「従来よりお願いしているもの」とは、九九年一一月五日の教育部長指示の内容「国旗の式場掲揚と国歌の斉唱」を指しています。

この二〇〇〇年通知においても前年の通知と同じく、「服務上の責任を問われることがあること」を「改めて周知徹底」するよう校長に対し、念を押しています。

つづいて〇一年一二月一三日の教育長通知は、さらに細かく卒業式・入学式の実施形態について、

■国旗は式場正面に掲げることを基本とする
■国歌の斉唱は式次第に位置づける
■教職員の業務分担を明確に定める
■厳粛かつ清新な雰囲気の中で行う

こと、及び「一部の教職員による式に対する反対運動」を抑止することを各校長に求めました。

そして、校長の指示に違反する教職員に対しては、「服務上の責任を問われることがある」旨を教職員に周知徹底せよ、という従前の通知内容に加えて、「県教育委員会としては、厳正に対

処していく考えであります」と宣言をしました。

その二年後の〇三年一二月五日教育長通知は、端的に「国旗は式場正面に掲げ」るよう指示しました。前の通知では「国旗は式場正面に掲げることを基本」として「例外」を認める余地があったのに対し、この通知では「例外」をいっさい認めないことになりました。この結果、〇三年度卒業式以降、三脚による国旗掲揚などは姿を消し、国旗はすべて式場正面に揚げられるようになりました。

✣さらに「国歌斉唱時の全員起立」へ

こうして現在においては、小・中・高校の卒業式・入学式で、国旗に向かって起立し国歌を斉唱することを「すべての学校で一律の式次第にもとづいて実施する」という目標は達成され、「起立・斉唱を拒む教職員が一名たりとも存在することを許さない」という目標を追求する段階になっています。その先頭を走っているのは東京都教育委員会ですが、神奈川県においても、東京都の教育行政を理想とし、これに追随すべきだとする政治的圧力が二〇〇四年以降強化されてきました。

〇四年九月二八日、神奈川県教育正常化連絡協議会（代表者小関邦衛）と称する団体が、県議会に対し、「入学式・卒業式における国旗掲揚及び国歌斉唱の指導徹底についての請願」をしました。

その内容は、県教委に対し、教職員が「式典会場の指定された席で国旗に向かって起立し、国歌を斉唱する」よう指導を徹底し、教職員が校長の指示に従わない場合には「服務上の責任を問う」ことを求めるものでした。

同じ日に、県議会において、小島健一議員（横浜市青葉区選出・自民党）は、東京都の二〇〇三年「10・23通達」（第Ⅱ章68頁参照）や大量処分を引き合いに出して、

「神奈川県においても来年の卒業式・入学式に向けて、（中略）国旗掲揚・国歌斉唱については東京都と同様の毅然とした対応と式後の実態調査、そして職務命令に従わなかった場合の教職員の処分等の必要性を感じておりますが、この点について教育長はどのようにお考えになっているのか」と質問しました。

これに対し、曽根秀敏教育長（当時）は、

教職員が「国歌斉唱時に起立することは当然求められるところでございます」

「今後、各学校に対し、国歌斉唱時に起立することなども含めて厳粛に式を実施するよう改めて通知し、指導してまいりたい」

「校長からの継続的な指導に従わない教職員につきましては、厳正に対処してまいります」

などと答弁しました。

その二カ月後、〇四年一一月三〇日、県教委は、教育長の名で、全ての県立学校長に対して、「入学式及び卒業式における国旗の掲揚及び国歌の斉唱の指導の徹底について（通知）」と称する通知を発しました。その内容は、次のとおりです。

「（前略）それぞれの式における国旗の掲揚及び国歌の斉唱の実施形態には、これまで指導しているものとは異なる事例が未だに見受けられることから、国旗の掲揚及び国歌の斉唱の実施について、より一層の改善・充実を図る必要があります。

つきましては、入学式及び卒業式は儀式的行事であることを踏まえた形態とし、実施にあたっては教職員全員の業務分担を明確に定め、国旗は式場正面に掲げるとともに、国歌の斉唱は式次第に位置付け、斉唱時に教職員は起立し、厳粛かつ清新な雰囲気の中で式が行われるよう、改めて取組みの徹底をお願いします。

また、これまで一部の教職員による式に対する反対行動が見受けられたところですが、各学校においては、このようなことのないよう指導の徹底をお願いします。

なお、教職員が校長の指示に従わない場合や、式を混乱させる等の妨害行動を行った場合には、県教育委員会としては、服務上の責任を問い、厳正に対処していく考えでありますので、適切な対応を併せてお願いします。」（全文次頁）

前年の〇三年一二月五日通知と比べ、式典における業務分担の対象が教職員「全員」に拡大

高第２０７号
障第　６５号
平成16年11月30日

各県立学校長殿

教育長

入学式及び卒業式における国旗の掲揚及び国歌の斉唱の指導の徹底について（通知）

このことについては、日頃から積極的に取り組んでいただいており、今春の入学式及び卒業式において、三脚による国旗の掲揚がなくなるなどの改善がみられたことは、各学校で校長を中心にご尽力された成果と受けとめております。

しかしながら、それぞれの式における国旗の掲揚及び国歌の斉唱の実施形態には、これまで指導しているものとは異なる事例が未だに見受けられることから、国旗の掲揚及び国歌の斉唱の実施について、より一層の改善・充実を図る必要があります。

つきましては、入学式及び卒業式は儀式的行事であることを踏まえた形態とし、実施にあたっては教職員全員の業務分担を明確に定め、国旗は式場正面に掲げるとともに、国歌の斉唱は式次第に位置付け、斉唱時に教職員は起立し、厳粛かつ清新な雰囲気の中で式が行われるよう、改めて取組の徹底をお願いします。

また、これまで一部の教職員による式に対する反対行動が見受けられたところですが、各学校においては、このようなことのないよう指導の徹底をお願いします。

なお、教職員が校長の指示に従わない場合や、式を混乱させる等の妨害行動を行った場合には、県教育委員会としては、服務上の責任を問い、厳正に対処していく考えでありますので、適切な対応を併せてお願いします。

問い合わせ先
教育部高校教育課教育指導担当　田中
内線　８２４７
教育部障害児教育課教育指導担当　伊藤
内線　８２９１

されたほか、「斉唱時に教職員は起立」することが明確に要求されている点が、この〇四年11・30通知の特徴です。特に、新たに盛り込まれた「起立」の強制は、東京都教委にならえ、という前記請願や前記教育長答弁の内容どおりのものでした。

さらに県教委は、例年の文部科学省（01年1月「文部省」を改組）による一斉調査とは別に、独自に二〇〇五年二月一〇日付通知で、各県立高校、盲・ろう・養護学校に対し、国旗掲揚・国歌斉唱の実施状況についての報告を求めました。その内容は、国旗掲揚の有無や掲揚場所、国歌斉唱の有無だけでなく、国歌の伴奏はＣＤ（またはテープ）、生伴奏のいずれによったか、国歌斉唱時に起立を求めたか、不起立の教職員の数は何名か、ということについてまで文書による回答を校長に求めるものでした。

2　各学校における強制の実態

✣04年度卒業式における強制

11・30通知は、〇四年度卒業式を前にして、各県立学校の職員会議の場で、各校長によって読み上げられました。その際、「〝お願い〟という表現は用いられているが、これは職務命令である」「国歌斉唱時に起立することは公務員としての職責である」「不起立者に対しては処分もありうる」「起立しなければ県に報告を上げる」というような発言が多くの校長によってなされました。

卒業式の式次第は、校務分掌上の関係委員会が作成した原案にもとづき、職員会議において決定するのが通例ですが、原案を職員会議に提出する前に校長・教頭がチェックしたり、職員会議において国歌斉唱を式次第に入れることに反対する意見を校長が抑圧したり、あるいは「式次第には入れない」という職員会議の決定を校長がくつがえすなど、さまざまな方法で国歌斉唱が強行されました。

この〇四年度卒業式の特徴は、国歌斉唱時にあらためて起立を求めるのではなく、これに先立つ開式の段階から全員を起立させておき、そのまま国歌斉唱に移行する、という進行方法をほとんどの学校（全日制高校の82・4％、定時制高校の88・2％、盲・ろう・養護学校の48％）で採用したことです。このため、国歌斉唱時に起立していたくない教職員や生徒の方が着席しなければならない形になり、そのこと自体が、心ならずも起立状態の維持を促すことにもなりました。

着席した、あるいは起立しなかった教職員の数は、教頭ないし事務長によって把握され、県教委に報告されました。またこの年の卒業式には多くの高等学校で県会議員を来賓として招待したので、来賓の県議によっても着席する教職員の有無が確認されることになりました。

このような手段を講ずることによって、すべての学校が前年どおり国旗掲揚・国歌斉唱を行ったばかりでなく、「全教職員が国歌斉唱時に起立した」という学校が、定時制高校の１００％、全日制高校の84・３％、盲・ろう・養護学校の82％に達しました。

✣卒業式以後の圧力

県教委が○五年の２・10通知に基づくアンケート調査によって各校長に報告を求めたのは、不起立教職員の「人数」であり、そのこと自体は事務長等が当日把握済みでしたが、一部の学校においては、起立したかしなかったかについて、あらためて一人ひとりの教職員に対し記名式のアンケートの提出が求められました。

また、不起立者が出たすべての県立学校において、当該教職員に対し、校長や教頭による個別の「事情聴取」が行われ、「立たなかった理由を説明せよ」「不起立は職務命令違反にあたる」「次回は起立しなさい」「こんどの入学式でも不起立を維持するならば、あらためてきみの考えを聞く」などといった圧力が加えられました。
○五年度入学式においては、国歌斉唱時、教職員全員が起立したという学校の比率は卒業式の時よりさらに増加し、高校全日制で89・５％、盲・ろう・養護学校では95％に達しました

（高校定時制は卒業式と同じく１００％）。

同年六月一〇日に、これらの調査結果を発表するに際して、県教委は、起立しなかった教職員について「繰り返し続くようであれば、処分の可能性もある」「懲戒処分も視野に入れて指導の徹底を図る」と公言しています。

〇四年九月議会において「東京都と同様の毅然とした対応と式後の実態調査」を求めて質問に立った小島健一議員は、〇五年六月、県議会の一般質問（6月29日）においても同様の質問を繰り返しました。これに対して引地孝一教育長は、

「教職員は生徒に厳粛な儀式にふさわしい態度を取るよう指導する立場にある。国歌斉唱時に起立することは当然求められる」

と答弁し、今後も「指導」及び「調査」を継続することを約束しました。

このように県教委は、今後も国歌斉唱時不起立を貫こうとする教職員に対しては、東京都のように懲戒処分もありうることを周知徹底させることによって、「全員一糸乱れぬ起立斉唱」を強制的に実現しようとしています。

3　卒業式・入学式の変質

✣生徒が主役だった卒業式・入学式

かつての卒業式は在校生が卒業生の卒業を祝って送り出し、卒業生が在校生を激励する、いわば生徒のための式典でした。同様に入学式は、在校生が新入生の入学を祝って迎え入れる、やはり生徒のための式典でした。

従って、卒業生（ないし新入生）と在校生が壇上の校長や来賓を並んで仰ぎ見る、という形式を用いず、卒業生（ないし新入生）と在校生が対面し、校長や来賓も同じ平面でこれを見守るという、いわゆる「フロア形式」もよく見られました。その形式が、生徒のための式典という理念の反映でもありました。このような生徒同士の激励・祝福の場である以上、そこに「日の丸」や「君が代」が入り込む必然性はありませんでした。

✣変質を強いられた式典

89年版指導要領の特徴は、国旗・国歌条項だけでなく、学校行事の目的は「集団への所属感を深め」ることにあるとか、儀式的行事は「厳粛」に実施されるべきである、ということがはじめて明記されたことにあらわれています。しかも、指導要領の文言自体では「集団」を、「全校若しくは学年又はそれらに準ずる集団」と説明しているのに、文部省の解説書においては、「入学式や卒業式は……学校、社会、国家など集団への所属感を深める上でよい機会になる」として、「集団」に「国家」概念を強引にすべり込ませています。

入学式・卒業式における国旗・国歌強制政策は、入学式・卒業式を、「国家」への帰属意識を高めるための「厳粛な儀式」にしなければならないという、生徒を無視した一面的な発想の産物であると言えます。

式典に対するこのような理念の転換が、式典の実施形態そのものの変容を迫りました。つまり、生徒が互いに祝い励ますという生徒主体の形態（フロアー形式）は否定され、全校生徒が舞台壇上の「日の丸」に向かって整然と整列させられる「舞台形式」の採用が強制されることになりました。

このようにして、卒業式・入学式は、理念、形式、内容ともに変質させられたのです。〇五年四月一日付朝日新聞社説は、「卒業式を生徒に返そう」と題して、東京都教育委員会のように「処分をちらつかせて形だけ整える」卒業式のあり方に疑問を呈し、

「こんなやり方で、やわらかな心を持つ若者たちが日本の国旗や国歌を心から好きになれるだ

ろうか。生徒が感動し、なつかしく思い出す、そんな卒業式を彼らに返したい」と指摘しました。問題の本質をよく把えた指摘です。

II

「日の丸・君が代」と学校儀式の歴史

1 なぜ歴史をふりかえるのか

この章では、問題の「背景」となる歴史的事実を振り返ってみたいと思います。その目的は、次の二点です。

第一の目的は、日の丸・君が代への忠誠を強制することに反対する思想には、歴史的・客観的な根拠がある、ということを明らかにすることです。

君が代斉唱と日の丸掲揚は、天皇・皇后の「御真影《ごしんえい》」に対する敬礼等と合わせて、天皇制に対する忠誠を涵養《かんよう》する装置として、戦前の教育課程制度の中核に位置づけられていました。わが国の行なった侵略戦争と植民地支配の支柱の一つは、この「皇民」教育であり、君が代と日の丸はそのシンボルでした。

第二次世界大戦においてわが国と共に「枢軸《すうじく》」を形成したドイツ、イタリア両国は、戦時中のシンボルであった国旗と国歌を戦後変更しました。わが国のみが戦前と同一のシンボルを維持しつづけることは、戦前とは全く異なる原理に基づく憲法を採用した国家にふさわしいことではありません。日の丸・君が代をこのように評価する思想ないし意見を堅持し、その思想・意見に反する言動を強制されない自由は、法の保護に値するものです。

第二の目的は、国家の定立する教育課程基準の中で、卒業式・入学式の演出方法まで規定するような制度は、戦前においてさえその例を見ない、細目的事項にわたる教育行政の介入にあたる、という教育制度史上の事実を明らかにすることです。

現在の高等学校に相当する戦前の中等教育（旧制中学校、高等女学校、実業学校）においては、学校儀式の具体的内容に関する法的規制は、戦時期の一九四一年通牒《つうちょう》（50～51頁）を唯一の例外として、全く存在しませんでした。小学校については、文部省令による規制が加えられていましたが、その目的はもっぱら皇室祭祀《さいし》上の祝祭日における学校儀式の次第を規制するものであって、卒業式・入学式に関係するものではありませんでした。

戦後、日本国憲法の制定に伴い、教育は、国家のためではなく、子どもの学ぶ権利を充足するために行われるべきものとなり、当然のことながら、公権力が学校教育の場を、皇室祭祀の一環として利用することは許されないことになりました。

また、そもそも個々の学校の卒業式・入学式の演出を国家的に統一すべき合理的理由は存在しません。一九八九年以降の学習指導要領が、生徒の自主性を排除することと表裏一体の関係で、卒業式・入学式における日の丸・君が代の強制を突然導入して以来、現在に至るまで、その徹底が推進されてきたということは、決して学校教育の本質に由来する要請ではないと断言できます。

この二つのことを明らかにするために、以下において「問題の背景」を具体的に見てゆきます。

2 明治憲法下の学校教育における日の丸・君が代の位置づけ

明治期から一九四五年の敗戦まで、わが国の支配体制であった天皇制の下では、天皇は単に統治権の主体であったばかりでなく、国民の精神領域における究極的権威としての性格をもあわせ持つ存在でした。大日本帝国憲法の制定（一八八九年＝明治22）と、「教育ニ関スル勅語《ちょくご》」（教育勅語）の渙発《かんぱつ》（一八九〇年＝明治23）によって、この制度は基本的に形成されました。

「日の丸」掲揚が、宮城遙拝《ようはい》と一体をなす毎日の「朝礼」の一環として学校教育の場に登場したのは、一九三〇年代すなわちわが国が十五年戦争（一九三一年9月18日からの「満州事変」、37年7月7日からの日中全面戦争、41年12月8日からのアジア太平洋戦争を経て45年8月15日の敗戦に至る、足かけ一五年にわたる一連の戦争）に突入した時期に属するのに対して、「君が代」は教育勅語につづいて、すぐに登場しました。「日の丸」以前に用いられていた国家の視覚的シンボルは、天皇・皇后の「御写真」（通称「御真影」）でした。「御真影」は、官立学校、府県立学校に対しては一八八二（明治15）年頃から「下付《かふ》」され、一八九〇（明治23）年の小学校令制定前後

御真影礼拝（千葉市新宿小学校）。「御真影」は学校の一角に設けられた「奉安殿」に収められ、その前を通る時は必ず敬礼をしなければならなかった。(『国民学校の日々全２巻　国民学校の子どもたち　１』エムティ出版より)

から、小学校、幼稚園にも下付されるようになりました。

✣祝祭日の儀式での「君が代合唱」の義務づけ

明治憲法下の教育法令において、最初に学校における「儀式」を取りあげたのは、小学校令（一八九〇年勅令２１５号）に基づく「小学校祝日大祭日儀式規程」（一八九一年文部省令第４号、九三年改正）でした。挙行が義務づけられる儀式は、紀元節、天長節《てんちょうせつ》（天皇の誕生日、明治時代は11月3日）および一月一日の三つに限られ、「他の大祭日及祭日に於ては各学校の任意」でした。

また、一八九三（明治26）年文部省告示第３号「小学校儀式唱歌用歌詞並楽譜」により、祝日大祭日の唱歌として、「君が代」以下八曲が「撰定」されました。

この「小学校祝日大祭日儀式規程」の内容は、小学校教育が義務化された一九〇〇（明治33）年以降、小学校令施行規則に取り込まれ、「君が代合唱」は、すべての儀式に共通する内容として明記されました。小学校令施行規則（一九〇〇年文部省令第14号）は次のとおり規定しています。

「第28条　紀元節、天長節、及び一月一日に於ては職員及児童、学校に参集して左の式を行ふべし

1．職員及児童「君が代」を合唱す

2．職員及児童は天皇陛下、皇后陛下の御影（注・御真影）に対し奉り最敬礼を行ふ

3．学校長は教育に関する勅語を奉読す

4．学校長は教育に関する勅語に基き聖旨の在る所を誨告《かいこく》す

5．職員及児童は其の祝日に相当する唱歌を合唱す」

（戦前の公文書ではカタカナが用いられていますが、ここではひらがなに置き換えます。以下同じ）

この規定の内容は、その後、実質的に変更のないまま国民学校令施行規則（一九四一〔昭和16〕年省令第4号）第47条に継承されました。ただしこの間、一九二七（昭和2）年以降は、新たに明治節（明治天皇の誕生日、11月3日）が祝日に加えられ、天長節は昭和天皇の誕生日にあたる四月二九日になりました。

✣「君が代」歌詞の公式解釈

「君が代」の歌の意味は、初期においては唱歌用検定教科書の中で解説されました（たとえば伊沢修二編「小学唱歌二」［一八九二年］においては、「天皇陛下の万歳を祝するの歌曲と作したるものなり」としています）が、後には修身という教科の中で一章を割《さ》いて教えられました。たとえば、第5期（一九四二〜四五年）国定教科書である「初等科修身」2（児童用）の第2課「君が代」の章（国民学校四年用）は、次のとおり記述しています。

「この歌は、『天皇陛下のお治めになる御代《みよ》は、千年も萬年もつづいて、おさかえになりますやうに。』といふ意味で、国民が、心からおいはひ申し上げる歌であります。

『君が代』の歌は、昔から、私たちの先祖が、皇室のみさかえをおいのりして、歌ひつづけて来たもので、世々の國民のまごころのとけこんだ歌であります。

（中略）戦地で、兵隊さんたちが、はるかに日本へ向かつて、聲をそろへて、『君が代』を歌ふ時には、思はず、涙が日にやけたほほをぬらすといふことです。」

日本の植民地とされた台湾では、一九一二（明治45）年から「本島人」の児童のための「公学校」において、また朝鮮では一九二二（大正11）年から、朝鮮人児童のための「普通学校」において、各総督府令により前記小学校令施行規則と同様の規定が導入されました。

二　「君が代」

君が代は
ちよにやちよに
さざれ石の
いはほとなりて
こけのむすまで

この歌は、
「天皇陛下のお治めになる御代は、千年も萬年もつづいて、おさかえになりますやうに。」
といふ意味《いみ》で、國民が、心からおいはひ申しあげる歌であります。

「君が代」の歌は、昔から、私たちの先祖《せんぞ》が、皇室のみさかえをおいのりして、歌ひつづけて來たもので、世々の國民のまごころのとけこんだ歌であります。

祝日《しゆくじつ》や、おめでたい儀式《ぎしき》には、私たちは、この歌を聲高く歌

ひます。しせいをきちんと正しくして、おごそかに歌ふと、身も心も、ひきしまるやうな氣持になります。

戰地で、兵隊さんたちが、はるかに日本へ向かつて、聲をそろへて、「君が代」を歌ふ時には、思はず、涙が日にやけたほほをぬらすといふことです。

また、外國で、「君が代」の歌が奏されることがあります。その時ぐらゐ、外國に行つてゐる日本人が、日本國民としてのほこりと、かぎりない喜びとを感じることはないといひます。

三　靖國《やすくに》神社

東京の九段坂《くだんざか》の上に、大きな青銅《せいどう》の鳥居が、高く立つてゐます。　その奥に、りつぱな社が見えます。　それが靖國神社です。

靖國神社には、君のため國のためにつくしてなくなつ

「君が代」の歌詞が解説された国民学校４年生用の国定教科書『初等科修身　２』(昭和18年１月15日発行／著作兼発行者　文部省)。巻頭には見開きで「教育ニ関スル勅語」が総ルビで載っている。

植民地とされた朝鮮でも、毎月８日は1941年の対米英開戦の日、12月８日を記念して「大詔奉戴日」（宣戦の詔書をいただいた日）とされ、日の丸を掲げて宮城を遙拝し、「皇国臣民の誓詞」を唱和することが強制された。（写真記録『日本の侵略・中国／朝鮮』ほるぷ出版より）

小学校令・国民学校令の各施行規則では、儀式の次第が前述のように詳細に規定されていたのに対し、中学校令、高等女学校令の各施行規則では、

「紀元節、天長節、明治節及一月一日には職員及生徒学校に参集して祝賀の式を行ふべし」

と、抽象的に規定するにとどまり、その式次第の具体的内容を定める法令はありませんでした。文部省の通牒によって、中等学校等における儀式の挙行方法の細目が指示されるのは、後述の通り一九四一（昭和16）年のことです。

✣学校での日の丸掲揚は満州事変以後

一八七〇（明治３）年一〇月三日、明

治新政府は、郵船、商船、軍艦に国旗として「日の丸」を掲げるよう定めました（太政官布告651号）。「日の丸」が、日本という国家を象徴するものと位置づける法令は、この太政官布告以外には、国旗・国歌法が一九九九年に制定されるまでは存在しませんでした。単に法令が存在しなかっただけでなく、政府は日の丸の掲揚について、一九二〇年代までは全く熱意を持たなかったと言えます。

外国人と接触する機会が多い開港場における官公署に関して、日の丸の掲揚を指示する通知が一八七二（明治5）年に発せられたことがありましたが、一八七七（明治10）年一二月には、すべての官公署に対して「国旗掲揚するに及ばず候」と命じています。小学校の設備準則中の学校必備品目の規定にも、「国旗」ないし「日の丸」は含まれていませんでした。

日の丸を事実上の国旗とし、その掲揚を推進する政策は、一九二〇年代以降に本格的に登場したものです。一九二四（大正13）年九月三日事務次官会議が、「国旗掲揚に関する件」として、

「国旗は国家の表章として最も敬意を表すべきものなり。国家的祝祭日に当たり官庁率先して国旗を掲揚し民間各戸又之《これ》を掲《かか》ぐるに於《おい》ては国家的意識を闡明《せんめい》し、国民精神統一の一助たらしむることを得ん。」

との決定をし、この決定をうけて、国家祝祭日においては官庁に「成るべく国旗を掲揚する」ことを定める内務省訓令が発せられました。

その後、一九三一（昭和6）年三月には、議員提案にかかる「大日本帝国国旗法案」が、衆議院で可決されましたが、貴族院に送付後廃案となりました。大日本帝国のシンボルとしてはすでに天皇そのもの、及びその「御真影」が存在し、旗としても菊花を描いた「天皇旗」が存在する以上、ほかの旗を「国旗」とするまでもないと、「皇室の藩屏《はんぺい》」である貴族院が判断したためでしょう。

神奈川県下の小学校において「日の丸」の掲揚が行われるようになったのは、軍港横須賀において一九二一（大正10）年頃から先駆的に実施されたほかは、一般の小学校においては満州事変（一九三一年）以後のことでした（『神奈川県教育史通史編（下巻）』一三九頁）。ちなみに希望ケ丘高校の前身である県立横浜第一中学校に「国旗掲揚塔」が設置されたのは一九三四（昭和9）年一〇月一日、平沼高校の前身である県立横浜第一高等女学校が「国旗掲揚式」を開始したのは一九三七（昭和12）年一〇月三〇日のことだったと、各校の百年史は記録しています。

日の丸掲揚は、朝礼における儀式として導入され、かつ宮城遥拝《ようはい》を伴うものでした。「御真影」はあまりにも厳《おごそ》かなものであって、日常的儀式に用いるのにふさわしくないので、いわばその代わりとなるカジュアルな視覚的シンボルとして「日の丸」が登場したと言えます。

その後の学校教育の場において、「日の丸の旗」も修身科の一章を割いて取り扱われました。第5期国定修身教科書の「日の丸の旗」の章（国民学校3年用）は、次のとおり記述しています。

日中戦争。1937年、中国の占領地（旧関）で万歳を叫ぶ第20団の兵士。日本軍は占領した先々で日の丸を掲げ歓呼した。そのため被害を受けたアジアの人々にとって、日の丸の旗は大日本帝国の「侵略の象徴」となった。（毎日新聞社提供）

「……敵軍を追ひはらって、せんりゃうしたところに、まっ先に高く立てるのは、やはり日の丸の旗です。兵士たちは、この旗の下に集まって、聲をかぎりに、『ばんざい。』をさけびます。日の丸の旗は、日本人のたましひと、はなれることのできない旗です。」

日中戦争を報道する記録映画には、「日の丸の旗を振って日本軍の行進を歓迎する中国民衆」の姿がしばしば紹介され、それが戦争目的の「正しさ」を日本国民に訴える役割を果たしました。

「日の丸」は、「御真影」や「君が代」に遅れて登場したシンボルでしたが、日本軍に征服された外国の民衆にとっては、「日の丸」こそが「大日本帝国」

かにもけだかく、雪のつもった家の、軒先に立てられた日の丸の旗は、何となく暖く見えます。

日の丸の旗は、いつ見ても、ほんたうにりっぱな旗です。

祝祭日《しゆくさいじつ》に、朝早く起きて、日の丸の旗を立てると、私どもは、

「この旗を、立てることのできる國民だ。」

「私たちは、しあはせな日本の子どもだ。」

と、つくづく感じます。

日本人のゐるところには、かならず日の丸の旗があります。どんな遠いところに行ってゐる日本人でも、日の丸の旗をだいじにして持ってゐます。さう

して、日本の國のおめでたい日や、記念の日には、日の丸の旗を立てて、心からおいはひをいたします。

敵軍を追ひはらって、せんりゃうしたところに、まっ先に高く立てるのは、やはり日の丸の旗です。兵士たちは、この旗の下に集って、聲をかぎりに、「ばんざい。」をさけびます。

日の丸の旗は、日本人のたましひと、はなれることのできない旗です。

十七　冬

冬になって北風が吹き始めると、草は土の下で眠りにつき、木は葉をすっかり落して、冬ごもりの用意をします。さびしくなった田や畠の中では、寒さに強い麥だけが、青いうねを作ってゐます。

子どもたちは、風の中に立って、ゐせいよく麥ふみをします。

『初等科修身　1』（国民学校３年生用）で５ページにわたって説明されている「日の丸の旗」の章。その１章は「み國のはじめ」で、いざなぎのみこと、いざなみのみことの二神の間に生まれた天照大神が天皇陛下の祖先にあたり、徳の高い神様であることが説明されている。（昭和17年11月28日発行／著作兼発行者　文部省）

を象徴するものでした。

✣教育勅語体制の下の君が代・日の丸

そもそも大日本帝国憲法の下では、教育を受けることは臣民《しんみん》の「義務」であって、「権利」ではありませんでした。また国家権力による教育内容への介入を限界づける法的な歯止めは、全く存在しませんでした。

帝国憲法二八条は、「日本臣民は安寧《あんねい》秩序を妨げず及臣民たるの義務に背《そむ》かざる限に於て信教の自由を有す」ると規定して、「臣民たるの義務」を信教の自由に優先させていました。「思想の自由」という概念は、そもそも帝国憲法条文には存在しませんでした。「臣民たるの義務」の内容には、憲法の明文にある「兵役の義務」「納税の義務」だけでなく、「国家及び皇室に忠順なる義務」も解釈上含まれるものとされていました。

また、教育勅語は、道徳上の規範にとどまらず、文部省令によって教員の職務上の最高規範と位置づけられていました。

教育勅語には、「教育の淵源《えんげん》」は「国体の精華《せいか》」にある、と書かれています。「国体」とは「万世一系の天皇君臨し統治権を総攬《そうらん》し給《たま》ふことである」と、治安維持法に関する大審院判決（一九二九年5月31日）が定義しています。文部省も、「万世一系の天皇（が）皇祖《こうそ》（天皇家の祖先、ここでは天照大神を指す）の神勅《しんちょく》（天照大神が皇孫ニニギノミコトを下界に遣《つか》わす際に授けた言葉）を奉じて永遠にこれを統治し給ふ」ことが「国体」であるとしていました。

「君が代」とは、「天皇陛下のお治めになる御代《みよ》」のことですから、「国体」と「君が代」は全く同じ意味になります。そして「国体の精華」とは、「一大家族国家として億兆一心聖旨《せいし》を奉戴《ほうたい》して、克《よ》く忠孝の美徳を発揮する」ことであり、これが教育の淵源であると文部省は解説しています（一九三七年文部省著作『国体の本義』）。

教育勅語は、忠孝の美徳の中でも、とりわけ「一旦緩急《かんきゅう》あれば義勇公《ぎゆうこう》に奉じもって天壌無窮《てんじょうむきゅう》の皇運を扶翼《ふよく》す」ること、すなわちいったん重大な事態が生じたときは、国家と天皇のために命をもささげるということを、究極の徳目に設定しました。

✣日米開戦の年から学校儀式の細目を文部省が規制

「日の丸」と宮城遙拝を伴う毎日の朝礼が学校教育に導入された一九三〇年代は、また、靖国神社に祀《まつ》られる「英霊」への崇拝が、学校教育の一環として取り込まれた時期でもありました。

「満州事変」の戦死者を合祀《ごうし》するために挙行された一九三二（昭和7）年四月二七日の「靖国神社臨時大祭日」以後、天皇が靖国神社の大祭日にみずから参拝するようになりましたが、この年から靖国神社の大祭日は学校の休業日となり、靖国神社の遙拝または各地の神社に参拝す

東方遙拝（岡山大学教育学部附属小学校）。1937年日中全面戦争が始まると、国民精神総動員運動の一環として、毎日の朝礼に宮城遙拝が取り入れられ、どんな地域・場所にいても皇居に向かって深々と敬礼することが強制された。(『国民学校の日々 全２巻　国民学校の子どもたち　1』エムティ出版より)

ることが学校行事になりました。神社は国家の宗《そう》祀《し》とされ、これを崇敬することは、信教の自由に優先する臣民の義務とされていました。

「満州事変」以降、「聖戦」に向けて国民の精神を総動員するために、学校においては、「君が代」「御真影」に加えて、「日の丸」「宮城遙拝」「神社参拝」等の新たなシンボルが動員されることになったわけです。そして、日中全面戦争へ向けて進む段階においては、従前の憲法学界の通説であった天皇機関説(注)は、「崇高無比なる我が国体と相容《い》れざる言説」（一九三五年3月25日、衆議院「国体明徴決議」）として弾圧され、「いよいよ皇運を扶翼し奉る為官民一体となりて」行う国民精神総動員運動（一九三七年8月24日閣議決定）の一環として、「日の丸掲揚徹底化運動」が学校の中だけでなく、一般国民をも対象として推進されることとなりまし

勅語奉読式（大阪教育大学附属池田小学校）。戦時下の学校の儀式では国旗を掲げ、宮城を遙拝し、御真影に最敬礼し、国歌をうたい、学校長が教育勅語を奉読することが義務づけられた。（『国民学校の日々全２巻　国民学校の子どもたち　１』エムティ出版より）

た。

太平洋戦争開戦直前になると、それまでは各学校の裁量に委ねられていた中等学校以上の学校における儀式の挙行方法についても、文部省が指示するようになりました。すなわち、一九四一（昭和16）年四月一日付で発せられた文部省普通学務局長、専門学務局長の通牒「礼法要項」が、師範学校及び中等学校における祝祭日の学校儀式の次第を以下のとおり定めました。

「1．祝祭日には、国旗を掲げ、宮城を遙拝し、祝賀・敬粛の誠を表する。

2．紀元節・天長節・明治節及び一月一日に於ける学校の儀式は次の順序・方式による。

天皇陛下・皇后陛下の御写真の覆

(覆《おお》い) を撤する。
この際、一同上体を前に傾けて敬粛《けいしゆく》の意を表する。
次に天皇陛下・皇后陛下の御写真に対し奉りて最敬礼を行ふ。
次に国歌をうたふ。
次に学校長教育に関する勅語を奉読《ほうどく》する。(以下略)」

要するに、太平洋戦争期に至って、国民学校と同様の式次第が中等学校にも強制されるようになったのです。「要項」には「儀式に参列する者は、服装を整へ、容儀を正しくし、真心を以て終始しなければならない」「国歌をうたふときは、姿勢を正し、真心からの宝祚《ほうそ》(=皇位)の無窮を寿《ことぼ》ぎ奉る」というような細かい注意事項も含まれていました。ちなみに「礼法要項」を受け入れた直後の四一年五月三〇日付で、神奈川県内の「小学校長会」「教員会」「女教員会」「中等学校教科研究会」などの教員団体はすべて「神奈川県学校職員報国団」に「発展的解消」をしました。

学校の設置目的が「教育」から「皇国の道」に即した「錬成《れんせい》」へと変更された、この段階に至ってはじめて、中等学校までが、学校儀式の細目について文部省による規制を受けるようになったのでした。

君が代斉唱、御真影への最敬礼、日の丸掲揚と宮城遙拝、神社参拝などの多様なシンボル操作を含む戦前の教育は、わが国が「万世一系の天皇を戴《いただ》く神の国」であり、わが国が行う戦争は「聖戦」である、という独自の価値観を子どもたちに刷り込みました。この価値観は、ナチスの「ゲルマン民族優越論」と同じく、他民族蔑視の思想を形成し、侵略戦争や人権蹂躙《じゅうりん》行為を批判する思考力を麻痺《まひ》させました。

わが国が遂行した「聖戦」による死者の数は、十五年戦争の間だけで、中国人をはじめとする外国人が約二〇〇〇万人、日本国民が軍民あわせて約三一〇万人、という厖大な数にのぼります。この事実を前にしたとき、戦後日本の出発は、日本国憲法前文にあるとおり、「政府の行為によって再び戦争の惨禍が起ることのないやうにすること」の決意および、「全世界の国民が、ひとしく恐怖と欠乏から免かれ、平和のうちに生存する権利を有すること」の確認を抜きにしては、ありえませんでした。

〔注〕**天皇機関説**＝天皇は法人である国家の機関であり、統治権は国家にあるとする憲法学説。

3 戦後教育改革の中での君が代斉唱義務等の消滅

✣「極端な国家主義」への反省過程

日本国憲法が制定され（一九四六年11月3日）、思想の自由、表現の自由を含む基本的人権の保障が憲法原理となり、教育を受けることの権利性が確立されました。これを受けて教育基本法および学校教育法が制定され（47年3月31日）、また衆参各院において、それぞれ教育勅語の「排除決議」「失効確認決議」がなされました（48年6月19日）。

これより先、米国の「対日教育使節団」が連合国軍最高司令官へ提出した報告書（46年3月31日）が、日本の過去の教育の問題点を網羅的に指摘しましたが、その中には学校儀式に関する以下の指摘が含まれていました。

「勅語勅諭を儀式に用ひることと御真影に敬礼するならはしは、過去において生徒の思想感情を統制する力強い方法であって、好戦的国家主義の目的に適《かな》ってゐた。かかる慣例は停止されなくてはならぬ。かやうな手段の使用に関係のある儀式は、人格の向上に不適当で、民主主義的日本の学校教育に反するものと我々は考へる。」

そして、文部省は、「新しい日本の教育が、何を目当てとし、どのやうな点に重きをおき、それをどういふ方法で実行すべきかについて教育者の手引きとするために」、『新教育指針』をつくり（46年5月）、その中で「国際問題を戦争によって解決しようとする」軍国主義と、「国家を何よりも大切なものと考へ、他のすべてを国家のぎせいとする」極端な国家主義への反省の必要を、つぎのように説きました。

「支那事変以来の日本において、『新体制』とか、『国民精神総動員』とか、『大政翼賛《たいせいよくさん》』とかの名目のもとに、いかに人間性の円満な発達がおさへゆがめられ、人格の自由が無視せられ、個性があっぱくせられたかをわれわれはよく知ってゐる。（中略）これまで国民は、（天皇を—引用者注）『現人神《あらひとがみ》』と信じ、他国の元首に優ってゐると考へた。（中略）日本の国土も神が生んだ『神州《しんしゅう》』であって永久に滅びることはない、といふやうに説かれ、ついに『八紘為宇《はっこういう》』の言葉の如く、日本の指導のもとに全世界が一家のやうになることが人類の理想であると教へられるに至った。かうした高ぶった心が戦争をひき起し、また敗戦を招いた原因である。極端な国家主義が、かへって国家のわざわひとなることはこの事実によっても証明されるのである。」

✣学校儀式に関する制約の廃止

一九四六年一〇月八日付で、学校儀式の内容を規定した国民学校令施行規則47条2項は全部

削除され、同条第1項は、

「紀元節、天長節、明治節及一月一日に於ては職員及児童学校に参集して祝賀の式を行ふべし」という規定に改正されました。要するに、アジア太平洋戦争に突入する前の中等学校以上の儀式規定と同一になったわけです。さらに文部省は、これに加え同日付の次官通牒で、「式日等に於て従来教育勅語を奉読することを慣例としたが、今後は之を読まないこととすること」を指示しました。

一九四七年三月三一日、教育基本法・学校教育法の制定に伴い、国民学校令、中等学校令等の勅令は付属省令（国民学校令施行規則、中学校規程等）とともに廃止されました。これによって学校儀式を義務付ける法令は、すべての段階の学校において全く存在しなくなりました。

また同年六月三日、文部省学校局長は「学校に於ける宮城遙拝等について」と題する次の内容の通牒を発しました。

「儀式に際して学校が主催し、指導して行われた宮城遙拝、天皇陛下万歳は今後やめることとする。

また学校の校長及び教員は学生・生徒及び児童の教育に際し、天皇神格化の表現を強制したり、又は指導したりしてはならない。

このことはもとより学生・生徒及び児童各人の天皇に対する自発的な尊敬の表現を妨げるも

のではない。

なお、従来祝日において儀式を行うに際して、学校によっては形式的画一的に行われていた向《むき》もあるが、今後はこれを改め、これを行う場合は、学校の実情に即して例えば学芸会、運動会、展覧会又は講話、講演等を行い、適切に祝日の趣旨を徹底させ参加者がひとしく喜びを共にするように実施されたい。」

教育基本法、学校教育法の制定前後の、このような一連の経過の中で、学校儀式に関し、それまで約五五年間続いてきた国家による法令上および事実上の制約が、ようやく消滅したのです。

4 学習指導要領の中での日の丸・君が代の位置づけ

✣第1期＝日の丸・君が代を全く取り上げていなかった指導要領

学校教育法施行規則（47年文部省令11号）が、小・中・高校の「教科に関する事項」は「学習指導要領の基準による」と規定したのをうけて、文部省は小学校から新制中学校、新制高等学校までをカバーする「学校指導要領一般編（試案）昭和二十二年度版」を発表しました。この時期の学習指導要領は、文部省の単なる著作物であって、法令や訓令ではありません。

戦前においては、文部省令自体に各教科の目標（「要旨」）および内容の大綱が規定され、各教科の内容の詳細は、中等学校に関しては「教授要目」（文部省訓令）によって定められ、小学校については「教授要目」に相当する訓令・通達はない代わりに、国家が教師に指示する文書としては国定教科書の「教師用書」が、その機能を果たしていました。それに対し戦後教育改革は、法令や訓令ないし国定教科書によって教科の目標や内容を規制することをやめたのです。

47年版指導要領は、「教科課程」を、「わが国の教育として、一応の規準をたてる」ものの、本質的には、「それぞれの学校で、その地域の社会生活に即して教育の目標を吟味し、その地域の児童青年の生活を考えて、これを定めるべきもの」としてとらえていました。そして、小・中・高いずれの段階でも、祝祭日における儀式や、卒業式・入学式については、何の定めもなく、また日の丸、君が代についても何の言及もありませんでした。

47年版指導要領は、一九五一年に改定されましたが、その性格は、47年版指導要領と変わっていません。

51年版指導要領は、「教科課程」のうち、従前あった「自由研究」という分野に代えて「教科以外の活動」という分野を設定しました。中学校、高等学校の段階では、ホームルーム、生徒会、クラブ活動、生徒集会が「教科以外の活動」の主要な内容で、卒業式や入学式も、「生徒集会」の一種として位置づけられていました。しかし、卒業式・入学式に限らず、学校行事の具体的あり方についての言及は全くなく、日の丸、君が代への言及も全くありません。

✣第2期＝「国民の祝日」などにおける日の丸掲揚・君が代斉唱を奨励した指導要領

文部大臣が学者からではなく政党人から起用されるようになり（52年8月）、公選制教育委員会制度が廃止されて、任命制に移行する（56年6月）などの「逆コース」の中で、戦後教育改革には、ブレーキがかけられます。

その典型が学習指導要領の全面改定（小・中学校については一九五八年版、高等学校については一九六〇年版）でした。この時期の指導要領から、文部省の著作物ではなく「告示」として官報に登載されるようになりました。

内容的にも、この時の指導要領から「学校行事等」の具体的内容への言及が登場しました。「学校行事等」の内容は、①儀式、②学芸的行事、③保健体育的行事、④遠足、修学旅行、⑤その他——から構成され、①「儀式」の分野に関する「留意事項」は次のとおりです。ここで日の丸（国旗）・君が代への言及が、はじめて行われました。

「（7）儀式を行う場合には、それぞれの儀式の趣旨に添うように配慮することが必要である。なお国民の祝日などにおいて儀式などを行う場合には、生徒に対してこれらの祝日などの意義を理解させるとともに、国旗を掲揚し、君が代をせい唱させることが望ましい。」

この改定のねらいについて、内藤誉三郎初等中等教育局長は、『君が代』その他の国民的な愛唱歌が共通にうたわれるよう改善くふうをこらした」と述べています（『文部時報』58年9月号）。「君が代」を「国民的な愛唱歌」の一つと言いくるめることによって、それが果たした歴史的役割から目をそらさせようとしたところに、文部省当局の「くふう」があったと言えましょう。

しかし、58年、60年版指導要領の文脈に照らしても、儀式を実施するか否かは、学校が自由に決定することであって、義務づけられてはいませんでした。また国旗掲揚・君が代斉唱が「望ましい」とされる儀式の例示は、「国民の祝日などにおいて」行う儀式であって、「卒業式・入学式」ではありません。58年、60年版指導要領が「国民の祝日など」の儀式を重視したのは、戦前以来の伝統との連続性を意識したためでした。したがって、卒業式等をあえて「儀式」として挙行せずに、任意の「祝う会」として実施する余地は、規定の上では十分に残されていました。

その後、68年（小・中学校）、70年（高等学校）の各改定を経て、小・中学校の77年版指導要領、高等学校の78年版指導要領から、「君が代」は「国歌」と読みかえられました。しかし、国旗（日の丸）、国歌（君が代）の学校儀式における位置づけについての記述内容には実質的変更はありませんでした。

後述の（八三頁）最高裁判所大法廷判決（一九七六年5月21日）が判断の対象とした学習指導要領は、中学校の58年版指導要領であり、同様の判断を高等学校にも適用した最高裁第一小法廷判決（一九九〇年1月18日）の対象は、60年版高等学校学習指導要領でした。これら「第2期」の指導要領においては、前述のとおり、いかなる儀式を行うかは学校の自由とされ、日の丸・君が代を強制する規定はなく、かつ儀式を含むすべての学校行事について児童・生徒の自主的、積極的な協力を求めることが奨励されていた、と言うことができます。

✣一九八五年の文部省による掲揚・斉唱率調査

しかし、国旗掲揚・国歌斉唱を義務づけるものではなく、単にこれを奨励するに過ぎない学習指導要領であったとはいえ、卒業式・入学式に際して、何らかの形で国旗を掲げ、式次第の中に君が代斉唱を位置づける、という学校が次第に増加しました。その背景には、「日の丸・君が代を明確に義務づけよ」と迫る政治的圧力が存在しました。

たとえば、自民党屈指の改憲論者として知られる山崎拓議員は、すでに一九七四年の段階で、「国旗を掲揚し、君が代を斉唱させるべきだ、こうなっていないので、文部省の学習指導要領自体が非常に弱いのではないか……少なくとも日本国民たる以上は、国旗を掲揚し、国歌を斉唱するということは、これはあたりまえのことでございますが、学習指導要領がどうしてこういうことになっておるのか」

と質問し、奥野誠亮文部大臣から、

「学習指導要領全体のあり方につきまして、適当な機会に適当な機関にはかる必要があろう」

という答弁を引き出しています。

敗戦の日が遠ざかり、軍国主義・超国家主義の記憶が次第に薄れてゆく中で、靖国神社へのA級戦犯の合祀《ごうし》（78年）、元号の法制化（79年）が実現し、「戦後政治改革の総決算」をスローガンとする中曽根内閣が登場します（82年11月）。中曽根首相は、八五年八月一五日の終戦記念日には靖国神社に公式参拝する旨の意向を、前年末から明らかにしていました。

そのような情勢の中で、文部省は一九八五年五月に「公立小・中・高等学校における特別活動の実施状況調査」をはじめて実施し、結果を公表しました。これは84年度卒業式と85年度入学式のそれぞれについて、「国旗を掲揚した学校」「国歌を斉唱した学校」の全学校数に対する比率（実施率）を、都道府県別に把握したものです。

実施率の全国平均は高校（全日制）ではつぎのとおりでした。

・84年度卒業式で国旗を掲揚した学校――81・6％

国歌を斉唱した学校――53・3％

・85年度入学式で国旗を掲揚した学校――――81・3%

国歌を斉唱した学校――――49・0%

高校だけでなく、小・中学校での「国歌斉唱率」も50%に達しない自治体は都道府県で12、政令市で3という結果でした（この中には、神奈川県と横浜市が含まれています）。中でも、八七年に国民体育大会をひかえた沖縄県の「国歌斉唱率」は、小・中・高校とも0%、「国旗掲揚率」は小学校6・9%、中学校6・6%、高校0%という状況でした。

この調査状況をふまえて文部省は、八五年八月二八日付で「入学式及び卒業式において、国旗の掲揚や国歌の斉唱を行わない学校があるので、その適切な取り扱いについて徹底すること」を全都道府県・政令市の教育委員会に通知しました（これがいわゆる「徹底通知」です）。

「徹底通知」を発した後、高石邦男初等中等教育局長は、つぎのように語っています。

「国旗・国歌の問題は、すでに20年以上も前に学習指導要領の上では決着がついている。それが現場に定着したかどうかは別で、定着させるべきものを指導するだけのことだ。『戦後』が長すぎる。日本国の教育として国旗・国歌の問題をきちんとしてほしいというのが世論の動向ではないか」（85年9月6日付朝日新聞）

◈日の丸掲揚、君が代斉唱の状況

※数字は公立高校（1984年度卒業式）

県　名	日の丸	君が代
北海道	95.2%	26.6%
青　森	97.1%	89.7%
岩　手	100.0%	100.0%
秋　田	100.0%	100.0%
宮　城	81.0%	48.1%
山　形	100.0%	37.3%
福　島	96.6%	59.8%
茨　城	97.1%	84.3%
栃　木	100.0%	100.0%
群　馬	100.0%	98.6%
埼　玉	48.6%	9.7%
千　葉	89.9%	60.5%
東　京	37.8%	4.5%
神奈川	43.6%	4.5%
新　潟	67.0%	12.3%
富　山	100.0%	95.2%
石　川	100.0%	43.8%
福　井	96.6%	93.1%
山　梨	100.0%	100.0%
長　野	15.3%	0　%
岐　阜	100.0%	97.8%
静　岡	97.9%	76.3%
愛　知	100.0%	99.3%
三　重	83.9%	5.4%

県　名	日の丸	君が代
滋　賀	86.8%	2.6%
京　都	9.5%	0　%
大　阪	85.2%	0　%
奈　良	85.7%	51.4%
和歌山	71.1%	0　%
兵　庫	92.1%	41.7%
鳥　取	75.9%	10.3%
島　根	97.6%	97.6%
岡　山	98.6%	90.1%
広　島	31.2%	1.1%
山　口	100.0%	100.0%
香　川	100.0%	97.0%
愛　媛	100.0%	100.0%
徳　島	100.0%	100.0%
高　知	73.2%	12.2%
福　岡	100.0%	96.3%
佐　賀	100.0%	89.2%
長　崎	100.0%	100.0%
熊　本	100.0%	98.3%
大　分	100.0%	96.4%
宮　崎	100.0%	95.2%
鹿児島	100.0%	100.0%
沖　縄	0　%	0　%

✣第3期＝「入学式・卒業式」などにおける日の丸掲揚・君が代斉唱を義務づけた指導要領

一九七四（昭和49）年の段階で一部政治家が要求していた「教育現場への日の丸・君が代の徹底」は、指導要領の明文の改定を待たずに、なしくずし的に実現されつつありました。しかし、その「総仕上げ」の契機となったのは、89年版指導要領の登場でした。一九八九年三月一〇日付で全面改定された小学校、中学校、高等学校の各学習指導要領の本来的実施年度は、小学校92年度、中学校93年度、高等学校94年度でしたが、「特別活動」についてだけは、小・中・高校とも「前倒し」で九〇年四月から実施するものとされました。

高等学校の89年版指導要領は、従前の78年版指導要領と同様、「特別活動」の内容を「A、ホームルーム活動」「B、生徒会活動」「C、クラブ活動」「D、学校行事」の四分野としていますが、このうち「D、学校行事」に関する「指導計画の作成と内容の取扱い」が、以下の三点において大きく変更されました。

第一点は、「入学式や卒業式などにおいては、その意義を踏まえ、国旗を掲揚するとともに、国歌を斉唱するよう指導するものとする」との規定が導入されたことです。従前の「国旗を掲揚し、国歌を斉唱させることが望ましい」という文言との違いについて文部省は、公示当日の記者会見で、「従前の規定のもとでは、やる、やらないは学校の判断にまかされていたが、今後は入学式と卒業式については学校の裁量を認めず『必ずやってもらう』趣旨である」と説明しています。

第二点は、「国民の祝日などにおいて儀式などを行う場合には」と規定されていた部分が、「入学式や卒業式などにおいては」と置き換えられたことです。

前述のとおり、国民の祝日にあたらない「入学式や卒業式」の挙行を義務づけたり、その細目を規制するような法制は、戦前戦後を通じて、わが国の近代学校制度発足以来、一度も存在しなかったのにもかかわらず、この89年版指導要領において、突然登場しました。

従前の指導要領には、「入学式や卒業式」の意義に関する規定は存在しませんでした。入学式や卒業式をどのように意義づけ、どのように演出するかということは、生徒の自主性を尊重しつつ、各学校で自由に決定すべき事項だったのです。

ところが、89年版指導要領から、「儀式的行事」の「内容」として「学校生活に有意義な変化や折り目を付け、厳粛で清新な気分を味わい、新しい生活の展開への動機付けとなるような活動を行うこと」という規定がことごとしく導入され、これが、入学式や卒業式等の「意義」に関する根拠とされるようになりました。

第三点は、従前の指導要領においては、「特別活動」のすべての分野（A、ホームルーム、B、生徒会活動、C、クラブ活動、D、学校行事）について、「生徒の自発的な活動を助長する」ことが明記されていたのに、89年版指導要領から、「生徒の自発的な活動を助長する」分野は、上記A、B、Cの三分野に限られ、「D、学校行事」がその対象から除外されたことです。

つまり89年版指導要領は、入学式・卒業式を生徒たちの自発的な活動として準備するという従前の考え方を排除し、「国旗掲揚・国歌斉唱を伴う厳粛な儀式」として挙行すべきことを、いわばわが国の教育制度成立以来はじめて規定したものであったと言うことができます。

「入学式・卒業式」を「祝日・大祭日」に置き換え、「国旗」を天皇・皇后の御影（御真影）に置き換えると、89年版指導要領の規定は、明治時代の小学校に適用された儀式規程、および戦時期に中等学校等に適用された学務局長通牒（礼法要項）と本質的に同じものです。そして「君が代」斉唱が戦前と戦後を結んでいるわけです。

この89年版指導要領は、九八年（小学校および中学校）および九九年（高等学校）の各告示により全面改定されて現在に至っていますが、「特別活動」関係の上記規定には実質的変更は加えられていません。

✣89年版指導要領以降の教育行政の展開

一九八九年度以降、文部省・文部科学省は、「国旗掲揚及び国歌斉唱に関する調査」をほぼ毎年実施しています。各地の教育委員会は、学校現場における大多数の教職員の意向を無視しても、国旗掲揚・国歌斉唱を校長の責任において実施するよう督励し、指示に従わない校長や教職員に対しては、懲戒処分またはその脅しによって、「国旗掲揚・国歌斉唱の一〇〇％実施」を追求しました。

前述のとおり、一九九九年には、「国旗および国歌に関する法律」が成立しましたが、国会での同法案の審議に際して、政府は、「君が代」という言葉についての「新解釈」を打ち出しました（99年6月29日「新しく統一した『君』と『君が代』についての政府見解」）。

それによれば、「君」とは、「その地位が主権の存する日本国民の総意に基づく天皇」のことであり、「代」とは、時間的概念から転じて『国』を表す意味」であり、従って「君が代」とは、「天皇を象徴とするわが国」のことである、と言うのです。

しかし、このような説明は、政府が対外的に「君が代」を「The Reign of Our Emperor（天皇の治世）」と翻訳・紹介していることと矛盾しています。

国旗・国歌法の成立に際して、文部大臣は「児童や生徒の内心にまで立ち入って強制しようとする趣旨のものではない」「これによって国旗、国歌の指導にかかわる教員の職務上の責務について変更を加えるものではございません」と答弁（99年7月21日衆院内閣委・文教委連合審査、同年8月4日参院特別委）しました。

しかし、その言に反して、同法の制定を契機として国旗掲揚・国歌斉唱の強制はいっそう強力に推進され、制定直後の九九年度卒業式、二〇〇〇年度入学式において、実施率はほぼ一〇〇%に達したのでした。

今日において教育行政が追求しているのは、式への参加者全員が一人の例外もなく、国旗に対して起立し、国歌を斉唱するという姿を実現することです。この政策の先頭を走る東京都教育委員会は、〇三年10月23日付通達「入学式、卒業式等における国旗掲揚及び国歌斉唱の実施について」を発し、その中で、「式典会場において、教職員は、会場の指定された席で国旗に向かって起立し、国歌を斉唱する」等を内容とする「実施指針」を示し、そのとおり入学式・卒業式等を行うこと、および、「教職員が本通達に基づく校長の職務命令に従わない場合は、服務上の責任を問われることを、教職員に周知すること」を、都立学校の全校長に命令しました。すなわち、東京都においては「処分で脅すことによって起立斉唱を強制せよ」という、教育委員会から校長に対する「指揮命令」、およびこれに基づく校長の各教職員に対する「職務命令」によって、全教職員に対し、起立斉唱を強制する体制が完成したのです。

都立学校の〇四年三月卒業式および同年四月の入学式において、起立斉唱に加わらなかった教職員に対しては、戒告等の処分が大量になされました（〇五年の卒業式、入学式に関しても同様の処分が反復されています）。処分で威すことにより教職員全員が起立斉唱させられれば、子どもたちが「自分にも拒否権がある」と判断することは困難になります。都教委による教職員大量処分のねらいはそこにあります。

しかし、一糸乱れぬ卒業式を挙行することを至上命題とし、内心の自由を無視する教育行政は、都民に強い違和感を与えました。東京新聞が都内の有権者に対して実施し、〇四年七月五日に発表した世論調査の結果は、つぎのとおりです。

設問は、「都教育委員会は、卒業式などの式典で、君が代斉唱時に日の丸に向かって起立することを教職員に義務付ける通達を出しました。こうした対応をどう考えますか」というもので、これに対する都民の答えは、

① 日の丸、君が代を歌うのは当然で義務づけも当然だ……24・9％
② 日の丸、君が代を歌うのは当然だが、義務づけは行き過ぎだ……36・7％
③ 日の丸、君が代を歌うかどうかは内心の自由の問題で、義務づけるべきではない……35・4％
④ わからない、無回答……3・1％

というものでした。つまり、日の丸・君が代それ自体に対する賛否にかかわらず、「起立斉唱を義務づけるべきではない」とする意見を、都民の七割が持っているわけです。

九九年に東京都教育委員に任命されて以来、起立斉唱強制政策を推進してきた米長邦雄委員は、〇四年一〇月二八日の園遊会において、天皇から「教育委員のお仕事、ご苦労さまです」

と声をかけられたのに対し、「日本中の学校に国旗を揚げ、国歌を斉唱させるというのが私の仕事でございます」と、得意満面で答えました。天皇はこの米長委員に対し、「やはり、強制になるということでないことが望ましい」と発言しましたが、この内容は、前記のような都民の常識と符合します。

しかし文部科学相は、この天皇の園遊会発言の意義について、「強制されるまでもなく自発的に歌うのがのぞましい」ということが天皇発言の趣旨であり、従前からの徹底方針については全く変更の必要がないと強弁しました。

神奈川県教育委員会が、県立学校長に宛てて「日の丸・君が代を徹底させよ」との通知を発したのは、それから間もない一一月三〇日のことでした。

III

この裁判に適用される法規範

1　思想・良心の自由の保障

✣日本国憲法19条「思想・良心の自由」

日本国憲法19条は、「思想及び良心の自由は、これを侵してはならない」と規定し、「思想・良心の自由」を無条件に保障しています。「信教の自由」（20条）や「表現の自由」（21条）を保障する規定が別にあるにもかかわらず、わが憲法があえて「思想・良心の自由」の保障規定を置いた趣旨は、

「わが国においては明治憲法下において、治安維持法の運用にみられるように……特定の思想信条に対し『国体』に反するとか……いうような理由によって弾圧を加え、内心の自由そのものを侵害する事例が頻繁に行われた」

ことへの反省にもとづくと言われています（芦部信喜『憲法学Ⅲ　人権各論（1）』99頁）。

✣市民的及び政治的権利に関する国際規約

また、わが国は「市民的及び政治的権利に関する国際規約」を承認しています（一九七九年条

約第7号。以下通称に従い「B規約」と略称)。B規約の第18条第1項は、「すべての者は、思想、良心及び宗教の自由についての権利を有する」と規定し、この権利には、「自ら選択する宗教又は信念を受入れ又は有する自由」を含むものと規定しています。

さらに同2項は、「何人も、自ら選択する宗教又は信念を受け入れ又は有する自由を侵害するおそれのある強制を受けない」と言明しています。

また19条1項は、「すべての者は、干渉されることなく意見を持つ権利を有する」と規定しています。

B規約が、18条1項とは別に、19条1項を用意しているのは、「思想、良心、宗教」という水準にまで昇華されていない「意見」のレベルの精神的活動の自由も広く保障されるべきであることを明らかにしたものであると言えます。

✣「沈黙の自由」の保障

「意見の自由」を含む「思想・良心の自由」は、思想・良心を告白するよう強制され、または推知されない自由(沈黙の自由)の保障を含みます。「沈黙の自由」は、自らの思想・良心に照らして、受け入れられない思想の表明を強制されない権利をも含みます。自分が抱いているのと異なる思想・良心を表明させられることを通じて、その人の思想・良心が破壊されるからです。

いわゆる「踏み絵」は、信念を有しない人間にとっては特別な意味を持たない行為ですが、「信念を有する」人間にとっては、

①　その信念を放棄するか、

②　これを拒否することによって蒙《こうむ》ることのありうる制裁や不利益な取扱いを甘受するか、

③　あたかも信念を放棄したかのような外形を装うことによって自らを偽るか、

の選択を迫るものです。

①および②が、「信念を有する自由」の侵害にあたることは自明ですが、信念を捨てたかのように自らを偽ることは人に精神的苦痛を与えるものであって、長期にわたって維持できることではなく、したがって③の選択肢も「信念を有する自由」を侵害するおそれのある強制に含まれます。

B規約18条2項の保障は、「思想・良心の自由」の一部であり、この保障に関してはいかなる制限も許されません。

✣「京都君が代訴訟」判決

ちなみに「京都君が代訴訟」(注1)に関する京都地裁九二年一一月四日判決は、つぎのように「国

歌」を容認するか否かは個人の「良心」の問題としてとらえられるべきである、という判断を示しました。

「国歌とか、それと同視される歌は、国民各人の心の深層に内在するシンボルの一つでもある。国歌ないしこれに準ずるものとして、君が代の内容が相当か否かは、内心に潜在するシンボルの適否の問題といえる。それは、もともと、国民ひとりひとりの感性と良心による慣習の帰すうに委ねられるべき性質のものなのである。」

また、大阪高裁九八年一月二〇日判決（大阪市立鯰江《なまずえ》中学校「日の丸」抗議事件）[注2]は、「日の丸については、なお国民の間に激しい意見の対立があるのは事実であり、これらの対立は、個人の思想、信条にかかわる問題であるだけに、日の丸に対する敬意の強調が、思想及び良心の自由を侵害する強制とならぬよう、慎重な配慮が望まれる。」

という、本質をとらえた判断を示しています。

〔注1〕京都君が代訴訟＝一九八五年の「徹底通知」（62頁）を受けて、京都市教育委員会が市立の全小・中学校に「君が代」のカセットテープを配り、卒業式・入学式でこの伴奏により君が代を斉唱するよう指示したことに対し、憲法に違反する公金支出にあたるとして、京都市民二六七名が教育委員長らに対し、損害賠償を請求した住民訴訟。

〔注2〕大阪市立鯰江中学校「日の丸」抗議事件＝92年度の同校卒業式に際し「卒業式に日の丸はいりません」と発言し、93年度入学式でも「入学式に日の丸はいりません」と書いたプレートを着用した教員が文書訓告処分を受けた事件。

2　表現の自由の保障

✣日本国憲法21条「表現の自由」

日本国憲法21条第1項は、「集会、結社及び言論、出版その他一切の表現の自由」を保障し、前出のB規約19条2項は、「口頭・手書き若しくは印刷、芸術の形態又は自ら選択する他の方法により……あらゆる種類の情報及び考えを求め、受け及び伝える自由」すなわち「表現の自由についての権利」を、「すべての者」に対して保障しています。その保障の対象には、象徴的表現（Symbolic expression or speech）も含まれます。

日の丸に対して起立し、君が代を斉唱する行為には、「日の丸」「君が代」を受容し、これに敬意を示す、という特定のメッセージを伝える意図が存在し、かつ四囲の状況からみても、人々によってその意図が理解される行為です。逆に、周囲が起立する中でも「日の丸」に対し起立せず、または着席し、「君が代」斉唱に際し唱和しないことによって、これに対する受容や表敬を拒否する行為も、憲法21条の表現の自由として保障される象徴的表現行為です。

表現の自由は他者の人権との関係で一定の制約に服しますが、民主制を支える最も重要な権利ですから、これに対する規制は、極めて例外的な場合に限られます。ことに、他者の権利行使を妨げない、平穏または消極的な表現行為に対し、その表現の意味・内容に着目した禁止ないし制限をすることは許されないと言えます。

✣バーネット事件での米連邦最高裁判決

一九四二年一月に米国ウエスト・バージニア州教育委員会が、「公立学校において教員と生徒はすべて、国旗が象徴する国家をたたえる敬礼に参加すべきこと」を義務付けたことに対して、国旗という「偶像」に対する敬礼は教義に反するとの信念を有する「エホバの証人」という宗教団体に属するバーネット家の児童と家族が、州の関係法令の適用の差止めを求める訴えを提起しました。

このバーネット事件に対するアメリカ連邦最高裁判決（319U.S.624〔1943〕）は、「国旗敬礼は、誓いの言葉と関連して、表現の一形態である」と把握した上で、教育委員会の上記決定は合衆国憲法修正1条に反するものであると判断し、その執行停止を命じた原審（連邦地裁）の判決を支持しました。このバーネット事件判決は、

「国家の象徴は、宗教的象徴が神学上の思想を伝えるように、政治的思想をしばしば伝達するものである。こういう象徴と対応しているのが、これらを受容し、或いは敬意を表すにふさわしい身振りである。すなわち敬礼、お辞儀、脱帽、ひざまずきなどである。それぞれの人が、象徴に自分が込めた意味を見出すのであって、ある人にとって慰めと霊感とを与えてくれるものが、他人にとっては物笑いの種であり、軽蔑の対象である。」

と指摘しました。その上で、判決は、

「本件の被上告人らが主張する自由は他のいかなる個人が主張する諸権利とも衝突するものではない」とし、「検閲や意見表明の禁止がわが国の憲法で許されるのは、その表明が明白かつ現在の危険行為をもたらし、国家としては、それを防止し、処罰することが認められている場合のみである」という、いわゆる「明白かつ現在の危険の法理」を適用し、「本件はそのような危険はない」としました。そして、

「国旗敬礼論争の根底にある問題は、このように個人の意見、政治的態度に関わる儀式を、我が憲法が政治組織に与えている権力を持つ当局者が、個人に法律上義務づけることが許されるか否かということにある。」

として、当局者のそのような権限を否定しました。

✣意見の統一の強制は〝墓場〟という同一化をもたらす

バーネット事件判決の判示は、基本的人権を保障するすべての国家において普遍的意義を有するものですが、その法廷意見のうち以下の部分はとくに傾聴すべきものです。

「統一を強制することが最終的には無駄であることは、キリスト教をその多神教による統一を乱すものとして抑圧しようとしたローマ帝国の攻撃をはじめ、宗教的王朝としての統合を守る手段としての宗教裁判、ロシア統合のためのシベリヤ追放から、現在の我々の敵である全体主義国家の急速に失敗に帰しつつある努力に至るまで、そういうすべての試みが教えてくれている。

反対意見を強制的に排除しはじめると、やがてそれは反対者を根絶することへと繋《つな》がってしまう。意見の統一を強制することは、ただ墓場という同一化をもたらすだけである。」

「意見を異にする自由は、あまり小さな問題に限られるものではない。もしそれだけのことならば、それは単に自由の影にすぎないだろう。その本質が試されるのは、現在の秩序の核心に触れる事柄に関しても意見を異にする権利である。

我が憲法という星座に不動の星があるとすれば、高級官僚であれ下級官僚であれ、いかなる役人も、政治、国家、宗教或いは他の個人の意見に関する事柄で、何が正当であるかを決めることはできないし、また強制的に市民に対してそれらに関しての信念を言葉や行動で表現させることはできない、ということである。」

バーネット事件以後の米判例において、憲法修正第1条による法的保護の対象となる（国旗への敬礼・宣誓の）拒否理由は、「宗教上の信念」に限らず「良心上の疑念」や「政治的信念」にも拡大されました。また、修正第1条の保護を受ける主体は生徒に限らず教師にも広がりました。判決の傍論として教師にも生徒と同一の権利を認めたティンカー事件〔注1〕連邦最高裁判決（393U.S.503〔1969〕)や、教師の拒否権を正面から認めたハノーバー事件〔注2〕連邦地裁判決(325F.Supp.170〔1970〕)、ラッソー事件連邦控訴裁判決（467F.2d623〔1972〕)などが、これにあたります。

〔注1〕ティンカー事件＝アイオワ州デモイン学区の高校生ジョン・ティンカーほか二名が、ベトナム戦争反対の意思を表示するために黒い腕章を着用して登校したのに対し、学校当局が腕章着用の禁止、および腕章をはずすまで登校を禁止する命令を発し、生徒たちが裁判所に対し、この命令の効力差止めを求めた事件。

連邦最高裁は、学校当局の行為は、合衆国憲法修正第1条に違反すると判決した。法廷意見は次のように述べている。

「修正第1条の権利は、学校という特殊な環境を考慮しても、教師と生徒が有するものである。生徒も教師も校門で言論・表現の自由をうち捨ててくるのではない。これは最高裁判所がほぼ過去五十年間にわたって支持してきた疑いのない考え方である。」

〔注2〕ハノーバー事件、ラッソー事件＝コネチカット州の中学校教師ナンシー・ハノーバーおよびニューヨーク州の高校臨任教師スーザン・ラッソーが、いずれも「毎朝国旗に敬礼し、忠誠の誓いを朗読する」ことを義務づける各教育委員会の規則に従わず、敬礼と朗読を拒否したため、一九七〇年に解雇あるいは再任を拒否された事件。二つの判決とも、解雇や再任拒否は、合衆国憲法が教師に保障する修正第1条の権利を侵害すると判断している。

3　教育に対する「不当な支配」の禁止

✣学力テスト裁判での最高裁大法廷の判決

教育を受けることが「臣民たるの義務」と観念され、また教育の究極的目的が子ども本人のためではなく、「天壌無窮の皇運を扶翼」することにあった大日本帝国憲法下の時代とは異なり、日本国憲法26条はつぎのとおりすべての国民に対し「教育を受ける権利」を保障しました。

第26条　すべて国民は、法律の定めるところにより、その能力に応じて、ひとしく教育を受ける権利を有する。
②すべて国民は、法律の定めるところにより、その保護する子女に普通教育を受けさせる義務を負ふ。義務教育はこれを無償とする。」

そのことの意義に関するリーディングケースが、旭川学力テスト事件に対する最高裁の一九七六年五月二一日大法廷判決です。

文部省が作成した試験問題に基づいて、中学二、三年生を対象とする全国一斉学力テストが一九六一年一〇月に実施されました。これに対し、「学力テストは教育的価値判断にかかわるもので、行政調査のわくを超え、教育に対する不当な支配である」とする北海道教職員組合が、テストを阻止するために展開した説得活動が、校長らの公務執行妨害にあたるとされ、組合員が起訴された刑事事件が、「旭川学力テスト事件」です。公判の中で、学力テストの実施が果たして「適法な公務」にあたるのか、ということが争点となり、この争点を解明するために、教育基本法10条（教育に対する不当な支配の禁止）や、その前提となる憲法26条（教育を受ける権利）の趣旨が重要な論点となりました。

旭川学力テスト事件大法廷判決（以下「学テ大法廷判決」と略す）は、憲法26条の趣旨について、つぎのように判断しています。

「この規定の背後には、国民各自が一個の人間として、また、一市民として、成長、発達し、自己の人格を完成、実現するために必要な学習をする固有の権利を有すること、特に、みずから学習することのできない子どもは、その学習要求を充足するための教育を自己に施すことを大人一般に対して要求する権利を有するとの観念が存在していると考えられる。換言すれば、子どもの教育は、教育を施す者の支配的権能ではなく、何よりもまず、子どもの学習をする権利に対応し、その充足をはかりうる立場にある者の責務に属するものとしてとらえられているのである。」

今井功調査官（現最高裁判事）の解説では、もっと端的に、

「国家が有する教育に関する権能は、あくまでも子どもの学習権保障のためのものであって、国家自身の利益や何らかの国家的価値の実現のためのものではない。」（最高裁判例解説　刑事編／昭和51年度、二一三頁）

と要約されています。

子どもの学習権を保障するために客観的に必要な場合には、教育の内容について国家の関与を必要とすることはありえますが、国政上の意思決定が多数決の原理によって支配されるのに対して、何が真理・真実であるかの決定は多数決になじむものではなく、また個人の内心的自由は他者が支配すべきものではありません。従って、教育内容への国家の関与は必要最少限度

にとどめられなければなりません。学テ大法廷判決は、国が、

「憲法上は、あるいは子ども自身の利益の擁護のため、あるいは子どもの成長に対する社会公共の利益と関心にこたえるため、必要かつ相当と認められる範囲において、教育内容についてもこれを決定する権能を有する」としつつ、

「政党政治の下で多数決原理によってされる国政上の意思決定は、さまざまな政治的要因によって左右されるものであるから、本来人間の内面的価値に関する文化的な営みとして、党派的な政治的観念や利害によって支配されるべきでない教育にそのような政治的影響が深く入り込む危険があると考えるときは、教育内容に対する右のごとき国家的介入についてはできるだけ抑制的であることが要請されるし、殊に個人の基本的自由を認め、その人格の独立を国政上尊重すべきものとしている憲法の下においては、子どもが自由かつ独立の人格として成長することを妨げるような国家的介入、例えば、誤った知識や一方的な観念を子どもに植えつけるような内容の教育を施すことを強制するようなことは、憲法26条、13条の規定上からも許されない。」

と判示しました。ここで引用されている憲法13条は、

「すべて国民は、個人として尊重される。生命、自由及び幸福追求に対する国民の権利については、公共の福祉に反しない限り、立法その他の国政の上で、最大の尊重を必要とする。」

と規定しています。

✣教育基本法10条の趣旨

すでに見てきたように、戦前のわが国の教育は、個人の自由よりも天皇への忠誠を優先させ、滅私《めっし》奉公の精神を注入することを目的として、国家がその内容を支配するものでした。憲法26条、13条の趣旨を教育に生かすためには、憲法に準ずる基本法において、教育内容に対する国家および行政機関の干渉を極力排除することが要請され、この要請に基づいて教育基本法（教基法）が制定されました。

学テ大法廷裁判は、教基法を「教育の根本的改革を目途として制定された諸立法の中で中心的地位を占める法律」と位置づけ、

「一般に教育関係法令の解釈及び運用については、法律自体に別段の規定がない限り、できるだけ教基法の規定及び同法の趣旨、目的に添うように考慮が払われなければならない。」

と判示しました。また教基法前文が、

「個人の尊厳を重んじ、真理と平和を希求する人間の育成を期するとともに、普遍的にしてしかも個性ゆたかな文化の創造をめざす教育を普及徹底しなければならない。」

という基本理念を打ち出した趣旨について、

「これは、戦前のわが国の教育が、国家による強い支配の下で形式的、画一的に流れ、時に軍

国主義的又は極端な国家主義的傾向を帯びる面があったことに対する反省によるものであり、右の理念は、これを具体化した同法の各規定を解釈するにあたっても、強く念頭に置かれるべきものである。」

とも判示しました。そして、「教育は、不当な支配に服することなく、国民全体に対し直接に責任を負って行われるべきものである。」と規定した教基法10条1項にいう「不当な支配」の主体について、

「他の教育関係法律は教基法の規定及び同法の趣旨、目的に反しないように解釈されなければならないのであるから、教育行政機関がこれらの法律を運用する場合においても、当該法律規定が特定的に命じていることを執行する場合を除き、教基法10条1項にいう『不当な支配』とならないように配慮しなければならない拘束を受けているものと解されるのであり、その意味において、教基法10条1項は、いわゆる行政に基づく教育行政機関の行為にも適用がある。」

との判断を下しました。すなわち教育行政機関自身も「不当な支配」の主体になりうることを明言したのです。

✣行政による教育内容への介入の限界

学テ大法廷判決は、「許容される目的のために必要かつ合理的と認められる」介入は、「不当

な支配」にはあたらないとし、具体的には、「教育における機会均等の確保と全国的な一定の水準の維持という目的のために必要かつ合理的と認められる大綱的な」基準の設定は、教基法10条の許容範囲内であるとしました。

そして、「本件当時の中学校学習指導要領」（一九五八年版指導要領）を「通覧」した結果、

①「おおむね、中学校において地域差、学校差を超えて全国的に共通なものとして教授されることが必要な最少限度の基準と考えても必ずしも不合理とはいえない事項が、その根幹をなしている」

②「教師による創造的かつ弾力的な教育の余地や地方ごとの特殊性を反映した個別化の余地が十分に残されて」いる

③「その内容においても、教師に対し一方的な一定の理論ないしは観念を生徒に教え込むことを強制するような点は全く含まれていない」

という三点に着目して、

「教育行政上の当否はともかくとして、少なくとも法的見地からは、上記目的のために必要かつ合理的な基準の設定として是認することができる。」

と判断しました。裏返して言えば、右記のような①必要性、②柔軟性、③中立性を欠く場合には、指導要領は教育基本法10条に違反し、その拘束力は認められないという限界をも判決は

明示したことになります。

前述（五八頁）のとおり、学テ大法廷判決の判断の対象となった中学校の58年版指導要領（および同じ「第2期」に属する高等学校の60年版指導要領）においては、日の丸・君が代に関しては「国民の祝日などにおいて儀式などを行う場合には、生徒に対してこれらの祝日などの意義を理解させるとともに、国旗を掲揚し、君が代をせい唱させることが望ましい」と規定するにとどまり、文理上も国旗掲揚・君が代斉唱を義務付けるものではありませんでした。

しかし現行（89・99年版）指導要領上の国旗・国歌条項は「指導」の名のもとに、その画一的・強制的実施を求めています。必要性、柔軟性、中立性を欠いた、その「法的拘束力」を容認する解釈が、学テ大法廷判決から導かれることはありえません。この点については後でもう一度ふれます（一〇〇頁）。

4　子どもの権利の観点から見た教師の責務

✣子どもの教育への権利を保障する責務

教師は、学校現場において、子どもの権利を保障する担い手としての役割を負っています。

従って、国旗・国歌の強制の問題性は、教師個人の人権保障という観点のみならず、その教師のもとで教育を受ける子どもの権利の保障という観点からも検討されるべきものです。以下、子どもの権利の各内容に即して、この点を検討します。

学校教育の目的は、教基法1条に定められているように、「人格の完成をめざし、平和的な国家及び社会の形成者として、真理と正義を愛し、個人の価値をたっとび、勤労と責任を重んじ、自主的精神に充ちた心身ともに健康な国民の育成を期」すことです。

この教育目的を達成するには、社会内で意見（思想）の対立がある事柄について、子どもたちに一定の意見を押しつけるのではなく、多様な意見が存在することを伝え、その意見対立の背景や経緯を教え、子どもたちが自分の頭で考え、自分の意見（思想）を持つことができるようにする必要があります。

とりわけ高等学校においては、「社会について、広く深い理解と健全な批判力を養い、個性の確立に努めること」（学校教育法42条3号）が教育の目標の一つとして設定されていますから、生徒に対し、社会内での意見（思想）の対立がある事柄について、意識的に、豊富な情報にアクセスする機会を保障し、子ども一人ひとりが自由な意見（思想）を持てる環境を確保することが特に要請されます。

日の丸・君が代に対してどのように向き合うかということは、個人の思想・良心に関わるものとして、社会内での意見（思想）の対立があり、多面的に議論されている問題です。したがって子どもは、さまざまな考え方に触れたうえで、自ら意見（思想）を形成し、表明することができなければなりません。教師には、子どもが、日の丸・君が代について、一つの考え方を押しつけられることなく、自由な意見（思想）形成をなしうることができる環境を確保する責務があります。

教師が、一律に起立・斉唱を強制され、その意に反する思想の表明を強いられるようなことがあれば、生徒の自由な意見（思想）形成も実質的に保障されないことは明らかです。だからこそ教師一人ひとりに対して、起立・斉唱を強制してはならないのです。

✣子どもおよびその父母の思想・良心の自由、信教の自由を保障する責務

子どもたちも、その経験や環境に応じて、日の丸・君が代に対してはさまざまな意見を持つ可能性があります。そして、子どもたちの中には、現に、宗教的信念、あるいは自己の民族的ルーツから、日の丸・君が代に対して敬意を払うことはできないと考える子どももいます。また、歴史に関心を持ち、日本がかつて行なった侵略行為を学習した子どもが、その侵略行為の象徴であった日の丸・君が代に対する忠誠を拒否すべきであるという価値観を持つに至ることもあるでしょう。

そのような、子どもの考え方は、いずれも思想・良心・信教の自由として保障されるべきものであり、教師は、その権利を行使できる環境を子どもたちのために保障する責務があります。

ちなみに、ＩＬＯ、ユネスコの「教員の地位に関する勧告」（一九六六年）は、

「教育は……人権および基本的自由に対する深い尊敬をうえつけることを目的とする」

と規定しています（３項）。卒業式や入学式において、教師がその意思に反して起立し、君が代を唱和した場合、それは子どもに対し、「起立するか唱和するかを自由に選択することは許されない」という誤ったメッセージを送ることになり、したがって、子どもたちが自分の意見を貫くことを著しく困難にします。すなわち、教師に義務を課して、起立・斉唱を強制することは、現に自己の思想・良心、あるいは宗教的信念から起立・斉唱を拒みたいと考えている子どもたちに対し、その権利行使を不可能、または困難にさせるものとして許されないことです。

子どもの権利条約14条2項は、子どもが思想・良心・信教の自由についての権利を行使するにあたって、

「父母及び場合により法定保護者が児童に対しその発達しつつある能力に適合する方法で指示を与える権利及び義務を尊重する。」

と規定しています。教師に対する起立・斉唱の強制は、子どもの権利ばかりでなく、その父母や法定保護者の指示権をも侵害することになります。（「子どもの権利条約」が、国会の承認を

受けるに際して用いられた公式の呼び名は「児童の権利に関する条約」です。ここでは通称を用いますが、条文は国会で承認された外務省訳によることにします。）

✣子どもの意見表明権を保障する責務

子どもの権利条約3条によれば、子どもに関する全ての措置をとるにあたっては、立法、行政、司法のいずれによって行われるものであっても、子どもの「最善の利益」が主として考慮されるものとされ、子どもの「最善の利益」を実現するための不可欠の権利として、条約12条は、

「自己の意見を形成する能力のある児童がその児童に影響を及ぼすすべての事項について自由に自己の意見を表明する権利」（意見表明権）を保障しています。

すなわち、子どもに影響を及ぼす一つひとつの事柄における子どもの「最善の利益」は、大人は、仮に良かれと思ってすることであっても、結論を一方的に決定するのではなく、まずは子どもに意見を述べる機会を与え（機会保障義務）、質問には誠実に応答し（誠実応答義務）、子どもの意見を尊重したうえで（尊重義務）、決定されなければなりません。

卒業式は、子どもたちにとって、長年通った学校を離れる節目の式典であって、自分の成長を振り返り、さらなる飛躍に向けて決意を新たにする機会として、人生の中で大きな意味を持っ

ています。卒業式のあり方は、「子どもたちに影響を及ぼす事柄」であって、子どもたちに「意見表明権」が保障されていることからすれば、その内容や進行に関しては、子どもたちが意見を述べる機会を与えられ、その意見が尊重されるべきであり、同様に新入生を迎える入学式に関しては、在校生たちの意見が尊重されるべきことになります。

ところが、89年版以降、現在に至る指導要領では、特別活動のうち学校行事だけは、「生徒の自主的な活動を助長する」分野から除外され、卒業式・入学式の在り方が均一・画一化され、当該卒業生・在校生が、式の在り方について意見を述べる機会は保障されていません。

参列者全員が国旗に対して起立し、国歌を斉唱することを卒業式・入学式の要素として強制することは、国ないし教育行政機関が子どもたちの意見を無視する形で卒業式・入学式のあり方を一方的に決めていることにほかなりません。このようなやり方は、子どもの意見表明権を侵害し、この権利を確保すべき責務を教師が果たすことを困難にするものでもあります。

以上述べたとおり、教師は、教育現場において直接子どもたちに接する者として、子どもや父母の前記諸権利を保障する重要な職責を負っているのですが、国旗・国歌に対する起立・斉唱を教師に強制することは、その職責を全うさせないようにするばかりか、むしろ子どもたちの諸権利を侵害する立場に教師を追い込む効果を持ちます。

Ⅳ

国旗・国歌に対する
忠誠義務は存在しない

1　教職員の職務上の義務の根拠――地方公務員法と職務命令

✣教職員の職務上の義務の根拠

地方公務員としての原告らに適用される、地方公務員法32条は、「職員は、その職務を遂行するに当って、法令、条例、地方公共団体の規則及び地方公共団体の機関の定める規程に従い、且つ、上司の職務上の命令に忠実に従わなければならない。」と規定しています。

「法令」のうち最高の規範は、いうまでもなく憲法であり、下位の法令や上司の命令で憲法規範に抵触するものは違憲違法であって、義務の成立原因にはなりません。そのような上司の命令は、そもそも「職務上」の命令と評価することもできない（あるいは職務との合理的関連性を欠く）と言うべきです。

法令や職務命令が憲法に適合しなければならないということは、憲法98条（憲法の最高法規性）および同99条（公務員の憲法尊重擁護義務）の規定に裏づけられています。

要するに地方公務員は、他人の基本的人権を侵害するような内容の職務を執行することは許されず、このような内容の職務の執行を部下に命ずることも許されないのです。

また、教師が子どもの諸権利を保障する責務を果たすことを困難にするような職務命令は、教師の職務との合理的関連性を欠く違法な職務命令として、許されません。

神奈川県教育委員会は、各校長が教職員に対して、職務命令を発するか、またはそれを示唆することによって、強制的に、国旗に向かって起立させ、国歌を唱和させるよう指示していますが、このような命令や指示の前提となる「国旗・国歌に対する忠誠義務」は存在しないということを、以下において明らかにします。

2　法令上の義務は存在しない

✣国旗・国歌法から「義務」は導かれない

一九九九年八月一三日に制定、施行された「国旗及び国歌に関する法律」は、教師に対し、起立・斉唱義務を課す根拠とはなりません。Ⅰ章でも紹介しましたが、国旗・国歌法は、

「第一条　国旗は、日章旗とする。

2　日章旗の制式は、別記第一のとおりとする。

第二条　国歌は、君が代とする。

２　君が代の歌詞及び楽曲は、別記第二のとおりとする。」

という内容を定めただけのもので、「日章旗」及び「君が代」に対する尊重を義務づけるような内容は何ら定められていません。このことは、法案審議の際の政府答弁においても、以下のように確認されています。

「政府としては、今回の法制化に当たり、国旗掲揚等に関し義務づけを行うことを考えておらず、したがって、国民の生活に何らの影響や変化が生じることとはならないと考えている。」（99年6月29日、衆議院本会議における内閣総理大臣の答弁）

このような内容の答弁や見解は、国会における法案審議の際に再三示されています。国民一般に対する関係だけでなく、学校教育の場における国旗・国歌の指導に関する取り扱いについても、これが法制化に伴って変わるものではないということが、政府答弁によって確認されています。

「本法案は、国旗・国歌の根拠について、慣習であるものを成文法として明確に位置づけるものでございます。これによって国旗・国歌の指導にかかわる教員の職務上の責務について変更を加えるものではございません。」（99年8月2日、参議院国旗及び国歌に関する特別委員会における文部大臣の答弁）

これらの説明は、「立法者意思」を解釈する基準となります。つまり国旗・国歌法は、教職員に対して、国旗・国歌に対する忠誠義務を課す根拠とはなり得るものではありません。

✣学習指導要領からも「義務」は導かれない

文部科学省および神奈川県教委は、89年版指導要領および99年版（現行）指導要領の「第4章　特別活動」中の「入学式や卒業式などにおいては、その意義を踏まえ、国旗を掲揚するとともに、国歌を斉唱するよう指導するものとする」という条項（国旗・国歌条項）が、教職員の国旗・国歌に対する忠誠義務を根拠づける規定であると主張しています。

しかし、現行指導要領の国旗・国歌条項は、指導要領に許容された「大綱的基準」の範囲を超えています。先に紹介した学テ大法廷判決は、学習指導要領が「教育における機会均等と全国的な一定水準の維持のために必要かつ合理的と認められる大綱的基準」である限りにおいて、遵守すべきものと判断し、大綱的基準の範囲内と認められる要件として、前述のとおり①必要性、②柔軟性、③中立性の3要件を設定しました。

そもそも、卒業式、入学式をどのように実施するかは、各学校で自由に検討すべきものであって、その式次第等について「全国的に共通な」基準を設定する必要性があると考えるのは不合理です。国際的に見ても、イギリス、フランス、イタリアなどの各国においては、入学式、卒業式は通常行なわれないし、アメリカにおいても入学式については同様で、卒業式は一部の学区、学校においてのみ行なわれているという状態です。

また現行指導要領の規定には、学校行事を実施する目的として「集団への所属感を深め」ということが書かれてはいますが、その「集団」とは「全校若しくは学年又はそれらに準ずる集団」を指しています。学校内での所属感を深めるには、校旗を掲げたり、校歌や、学校で選曲した歌を歌うことでも十分なはずで、国旗掲揚及び国歌斉唱を行なう「必要性」はありません。

現行指導要領が、学校において行なわれるさまざまな行事の中で、特に卒業式、入学式において、特定の旗を掲げ、特定の歌の指導を行なうべきことを定めているのは、あまりにも細目にわたる規定であって、大綱的な基準の二つ目の要素である「柔軟性」を欠いています。

さらに現行指導要領の国旗・国歌条項は、もっぱら「国旗を掲揚する」こと、「国歌を斉唱する」ことの方向への指導のみを要求し、社会的には国旗・国歌についての消極的評価も存在し、このような評価にも客観的根拠が存在するということについての指導の必要性を無視しています。このように、国旗・国歌の評価に関し一方的な内容だけを指導することに強制力を持たせるとすれば、大綱的基準の三つ目の要素である「中立性」をも欠くことになります。

要するに現行指導要領の国旗・国歌条項は、大綱的基準としての限界を、①必要性、②柔軟性、③中立性、のすべての側面において逸脱していて、結局、「教師の真に自由で創造的な教育活動を畏縮させるおそれ」を生じさせる規定として、教基法10条1項に違反するものです。したがって、現行指導要領の国旗・国歌条項には法的拘束力は認められず、この条項から教職員の忠誠義務を導くことは不可能です。

ちなみに、卒業式または入学式において、国歌斉唱時に起立しなかった小学校教員に対して加えられた戒告および減給処分の取り消し請求訴訟（北九州「ココロ裁判」）について、福岡地裁の二〇〇五年四月二六日判決があります。この判決は、現行指導要領と同一内容の89年版小学校指導要領中の国旗・国歌条項について、

「上記定めは法的拘束力をもって各地方公共団体の教育委員会を制約し、又は教師を強制するのに適切な規定とはいえず、教育内容及び方法について必要かつ合理的な大綱的基準を定めたものであると解することはできない。したがって、学習指導要領中の卒業式、入学式における国旗、国歌の指導に関する上記の定めは拘束力を有するものとは解されず、この定めから、各学校では卒業式、入学式において国歌斉唱を実施し、個々の教員がこれを指導しなければならないという一般的な義務を負うことはできない。」

との判断を下しています。

3 「職務命令」の限界

✣忠誠義務を強制する「職務命令」は思想・良心の自由を侵害する

次に各学校の学校長らが原告らに対し、（指導要領を援用するにせよ、しないにせよ）職務命令として忠誠義務の履行を命じた場合に、そのような職務命令は適法かどうか、ということを検討します。

「日の丸」「君が代」の評価については、国民の間に厳しい意見の対立があります。国民の中には日本国への愛国心または日本民族への愛情から、そのシンボルである日の丸・君が代に愛着を抱く人もいるでしょうが、反対に、日の丸・君が代が戦前において、アジア侵略の道具に使われたこと、とりわけ戦前の教育の中で児童・生徒を軍国主義に洗脳する道具として使われたという歴史の認識に基づき、到底敬意を表し得ないという考えを持つ人もいます。

また、国家のシンボルであるからこそ、たとえばアメリカの軍事行動に日本国が協力していることの象徴として、戦場に日の丸を掲げる(Show the Flag)ことが、今日でも行われているのですが、このような「国際貢献」に名を藉《か》りた自衛隊の海外派兵を肯定できない人は、日の丸に忠誠を表明することを自らに許すことはできないと考えるでしょう。

このように、国というものおよびその行動に対する態度や感情は人によりさまざまであり、君が代や日の丸に対する感情も人によりさまざまです。それらは、その人その人の人格の根本に関わる問題であり、つまりは憲法19条「思想及び良心の自由」の問題です。

ＩＬＯ・ユネスコの「教員の地位に関する勧告」が、

「教員は市民が一般に享受する一切の市民的権利を自由に行使すべきであり、かつ、公職につく権利をもたなければならない。」

と規定している（80項）とおり、教職員の地位にあることは、自由を制限する根拠にはなりません。

入学式及び卒業式の「君が代」斉唱時に、壇上の「日の丸」に向かって起立し、「君が代」に唱和する行為を強要することは、「日の丸」「君が代」を受容し、敬意を払うという、自己の意に反する思想を強制的に吐露させようとするものですから、「思想・良心の自由」とりわけ「沈黙の自由」を侵害することになります。これは、キリスト者に「踏み絵」を強要することによって、彼が「キリスト者」であるか否かを試すことと同質の問題であると言えます。

Ⅲ章でも紹介した大阪高裁一九九八年一月二〇日判決（大阪市立鯰江中学校「日の丸」抗議事件）は、教師に対し、

「国旗に対し敬礼させるなど、国旗に対する一定の観念を告白させるに等しい行為を強制する場合」は、「当該教師の思想及び良心の自由を侵害する強制行為」になる、ということを指摘しています。したがって、原告らに対し、学校長らが職務命令を発し、「君が代斉唱時に壇上の日の丸に向かって起立し、唱和する行為」を強要することは、原告らの思想・良心の自由を侵害し、憲法19条、B規約18条第2項、または同19条1項に違反することになります。

✣忠誠義務を強制する「職務命令」は表現の自由を侵害する

入学式及び卒業式の「君が代」斉唱時に、壇上の「日の丸」に向かって起立し、「君が代」に唱和することを拒否する行為は、「日の丸」「君が代」の受容・表敬を拒否するという意味をもつ象徴的行為であって、憲法21条、B規約19条により、表現の自由として保障されるものでもあります。

国歌斉唱時に起立して唱和することを一人ひとりが拒否する行為は、起立・唱和をしたいと望む他の人々の権利を妨害する効果を伴わない、全く平穏かつ消極的な「行為」です。

一糸乱れぬ軍事パレードやマスゲームと同様に、「卒業式・入学式における一糸乱れぬ起立・斉唱状態の実現」を追求することを至上命令とする観点からは、不起立不唱和は、そのような「秩序を乱す」ものとして映るでしょう。しかし、思想的対立を内包するテーマについて、外形的統一を追求することは、客観的合理性を欠くものであり、各人の思想・良心の自由の保障を優先することが成熟した市民社会のあり方です。

「日の丸に向かって起立し、君が代を唱和すること」を原告らに強制する趣旨の職務命令は、結局、他者の権利と抵触しない表現行為について、その表現の内容に着目した規制を行なうものであって、憲法21条1項、B規約19条に違反することになります。

ちなみに、青森地裁弘前支部二〇〇〇年三月三一日判決（私立柴田女子校事件）（注）は、「国民である以上、国旗に対する崇敬の念を持つべきであるかどうかということについては、原被告間において見解が大きく相違するところである。しかし、仮に被告が主張するような見解を前提にするとしても、そのことから直ちに、国旗に対して一礼を行うことが企業秩序の一つを形成し、労働契約の内容として労働者に義務づけられると解されるわけではない。」との判断を示しています。

〔注〕私立柴田女子校事件＝一九九八年度の同校入学式において、担任紹介を行うに際し、紹介された担任教師は登壇にあたって「国旗および校旗が掲げられた壇上正面に向かって一礼する」ことが指示されていたにもかかわらず、「一礼」しなかった教師が、始末書の提出を求められ、これを拒否して出勤停止四日間の懲戒処分を受けた事件。

✣忠誠義務の強制は子どもの権利保障の担い手としての教師の職責遂行を阻害する

Ⅲ章「子どもの権利の観点から見た教師の責務」の節でも述べたとおり、国旗・国歌に対してどのように向きあうかということは、一人ひとりの生徒にとって、思想の形成、選択および表明の問題ですから、その形成、選択および表明の自由を実質的に保障することこそが教師である原告らの職務です。原告らがその意に反して忠誠義務に従うことは、「起立・唱和は自由な意思に基づいてみずから決定することが許される問題ではない」という誤ったメッセージを生徒に送ることを意味するので、生徒たちもその意に反して国旗・国歌への忠誠を誓う態度をとらざるを得なくなります。言いかえれば、教職員の自由が奪われる時は、同時に生徒らの自由も奪われるという関係にあるのです。

また、国旗掲揚・国歌斉唱を不可欠の前提とする卒業式・入学式の挙行を強制することは、生徒の意見表明権を尊重したり、その自発的な活動を助長するという観点に基づいて卒業式・入学式を企画する機会を、不当に制約することにもなります。

要するに、教師に対して忠誠義務を強制する職務命令は、教師個人の自由だけでなく、生徒の諸権利の実質的保障をなすべき教師の職責の遂行を阻害するもので、適法な職務命令とはなりえないものです。

4 この「確認訴訟」を成立させる法的な根拠

「はじめに」でも述べたように、今回の訴訟は、原告ら教職員と被告神奈川県との間の「公法上の法律関係に関する確認の訴え」に該当します。

これも先に紹介しましたが（一〇頁）、行政事件訴訟法の改正（04年法律第84号）により、同法第四条後段の当事者訴訟の中に「公法上の法律関係に関する確認の訴え」が含まれることが明記されました。これは「権利義務などの法律関係の確認を通じて、取消訴訟の対象となる行政の行為に限らず、国民と行政との間の多様な関係に応じ、実効的な権利救済が可能となる」との考え方に基づいています。改正法成立に際しての参議院法務委員会の附帯決議（04年5月14日）も、その趣旨を明らかにしています。

この確認訴訟の例として、「行政指導や通達に従う義務がないことの確認」などがあることは、立法準備にあたった「行政訴訟検討会」の共通理解であったとされています。

❖「確認訴訟」成立の前提としての「確認の利益」

さて、この確認訴訟が適法に成立する前提としては「確認の利益」が存在することが必要で

すが、その「確認の利益」の要件について、中川丈久神戸大学教授はつぎのように説いていま
す（『民商法雑誌』１３０巻6号16頁）。

①行政機関が原告の法的地位を否認する見解を、暫定的でなく最終的なものとして示し（例えば通達の形で）、またはそれと同視すべき事情により、原告の法的地位に不安が生じていること。

②原告・被告間の紛争にかかる裁判審理における争点が明確になっていること。

③その紛争について、いま裁判審理をするよりも行政過程を進ませることでむしろ紛争解決の可能性が残されているという事情がないこと。

④このタイミングでの裁判が認められないと、原告が実効的な裁判的救済を受けられなくなること。

✣「確認の利益」は明らかに存在する

以上、四つの要件を今回の国旗・国歌の強制問題にあてはめてみると、
①については、二〇〇四年一一月三〇日通知には、
「国歌の斉唱は式次第に位置付け、斉唱時に教職員は起立（す）……るよう、改めて取組の徹底をお願いします。」

「教職員が校長の指示に従わない場合……は、服務上の責任を問い、厳正に対処していく考えであります。」

と記載されており、県教委は「お願い」という文言にかかわらず、起立斉唱が教職員の服務上の義務であるという見解を、暫定的でなく、最終的に示しています。

②については、「忠誠義務が、現行指導要領から導かれるか」、また「これを強制する職務命令が教職員の職務との合理的関連性あるいは基本的人権の保障規定との整合性を有するものか」ということが今回の審理における争点として明確に設定されています。

③については、すでに述べたとおり、現在の起立斉唱をめぐる行政の態度は、強制に反対する広範な世論が存在するにもかかわらず、一九九九年の国旗・国歌法制定を機に、さらに強硬なものとなっています。その強制の強化に伴い、教職員の中にも不利益をおそれ、自らの意に反し、起立斉唱に甘んじる者も増えている状況にあります。したがって、今後の行政過程の展開によって、紛争解決の可能性が現状よりも高まるという事情はありません。

最後の④についても、現時点において県教委は、起立斉唱が教職員の服務上の義務であるとの見解を明確に示し、これに違反するものに厳正な対処を行うことを明言しています。従って仮に県教委の指導に従って、各学校長の職務命令が発せられた場合には、その不服従に対しては懲戒処分もあり得ます。

そしてこの場合、処分を受けた後にその取り消しを求めるという訴訟の中では、職務命令の違法性が「重大明白」であるかどうか、ということが主たる審理の対象となり、命令が客観的違法性を有するだけでは救済が与えられない、ということも十分考えられます。公務員にとって、懲戒処分は昇給延伸等の不利益取扱いにも波及し、その効果は生涯にわたる給料・退職手当全体に及ぶものであるにもかかわらず、処分後にその取り消しを求めるという救済手続きだけしか保障されないのでは、「実効的な救済」制度と言うことはできません。

以上の理由から、原告らは、「各原告が所属する学校の入学式、卒業式に参列するに際して、『君が代』斉唱時に、壇上の『日の丸』に向かって起立し、『君が代』に唱和する義務を負担しない」という法律関係について、確認を求める利益を有しています。すなわち、今回の訴訟が適法に成立する前提としての「確認の利益」は明らかに存在しているのです。

ちなみに、かつて秋田県内の校長先生たちが、県教委を被告として、「勤務評定書の提出義務不存在確認」の訴えを提起したことがありました。一審・秋田地裁判決（一九六〇年９月８日）は、勤評提出義務は校長個人の権利義務にかかわりないから、このような訴えは不適当であると判断しましたが、二審・仙台高裁秋田支部判決（一九六二年12月19日）は、これを「公法上の権利関係の存否の確定を求める当事者訴訟」と認めました（ただし、その場合の被告は秋田県とすべきで県教委ではないとして却下)。

V

「歴史の記憶」は消せない

✣「戦後40年」の日本とドイツ

文部省が「入学式及び卒業式において、国旗の掲揚や国歌の斉唱を行わない学校があるので、その適切な取り扱いについて徹底すること」を各県教委等に通知した（六二頁）一九八五年は、終戦後四〇年の節目の年でした。この年の七月二七日、中曽根首相は、自由民主党の軽井沢セミナーで、「米国にはアーリントンがあり、ソ連にも、あるいは外国へ行っても無名戦士の墓があるなど、国のために倒れた人に対して国民が感謝をささげる場所はある。これは当然なことであり、さもなくして、だれが国に命をささげるか」と講演し（85年8月13日付『自由新報』）、その八月一五日に靖国神社に参拝しました。

靖国神社の境内における記者会見で中曽根首相は、「首相としての資格において参拝しました。もちろん、いわゆる公式参拝であります。国民の大多数は公式参拝を支持していると確信しております」と語りました。

わが首相の脳裏には、「国のために倒れた人に対して国民が感謝をささげる」こと、及びそれが「国民の大多数の支持」を得るであろうということ、のみが去来していたのでしょう。

一方、同じ八五年の五月八日、ドイツの敗戦四〇周年記念日にあたって、ドイツ連邦共和国（西ドイツ）のヴァイツゼッカー大統領が連邦議会において演説を行ないました。演説の中では、追悼の対象は以下のとおり、「国のために倒れた人」に限られてはいません。むしろ他国民への追悼の言葉の後に、自国民への言及がなされています。

「われわれは今日、戦いと暴力支配とのなかで斃《たお》れたすべての人びとを、哀しみのうちに思い浮かべております。ことにドイツの強制収容所で命を奪われた六〇〇万のユダヤ人を思い浮かべます。

戦いに苦しんだすべての民族、なかんずくソ連、ポーランドの無数の死者を思い浮かべます。ドイツ人としては、兵士として斃れた同胞、そして故郷の空襲で、捕らわれの最中に、あるいは故郷を追われる途中で命を失った同胞を哀しみのうちに思い浮かべます。」

そして、敗戦後ドイツの民衆が辛酸を嘗《な》めた「原因は、戦いが終わったところにあるのではありません。戦いが始まったところに、戦いへと通じていったあの暴力支配が開始されたところにこそ、その原因はあるのです。一九四五年五月八日と一九三三年一月三〇日とを切り離すことは許されないのであります。」

と指摘して、「ドイツ史の誤った流れ」の源流に目を向けることを促しています。「一九三三年一月三〇日」とは、言うまでもなくアドルフ・ヒトラーがドイツの首相に就任した日のことです。

ヴァイツゼッカー演説は、ドイツ人の中でユダヤ人虐殺などの「犯罪に手を下したのは少数」

であること、「今日の人口の大部分があの当時子どもだったか、まだ生まれてもいなかった」ことを指摘しつつ、「罪の有無、老幼いずれを問わず、われわれ全員が過去を引き受けねばなりません。」と述べました。

ここで「過去を引き受ける」というのは、「過去に目を閉ざす」ことなく「非人間的な行為を心に刻む」ことであり、また、「現在の行動とわれわれに課せられている未解決の課題へのガイドラインとして自らの歴史の記憶を役立てる」ことであるという趣旨が、演説の中で説明されていきます。

「歴史の記憶に基づくガイドライン」のひとつとして、「独裁下において自由な精神が迫害されたことを熟慮」して、「いかなる思想、いかなる批判であれ、そして、たとえそれがわれわれ自身にきびしい矢を放つものであったとしても、その思想、批判の自由を擁護する」であろうこと、も指摘されています。

そして、この演説の全体の目的は、「悲惨な歴史は既に克服され過去のものになった」という希望的あるいは独善的な考え方へ警鐘を鳴らすことにありました。

「人間は何をしかねないのか――これをわれわれは自らの歴史から学びます。でありますから、われわれは今や別種の、よりよい人間になったなどと思い上がってはなりません。（中略）今日五月八日にさいし、能《あた》う限り真実を直視しようではありませんか。」

と演説は結ばれています。(訳文は岩波ブックレット『荒れ野の40年 ヴァイツゼッカー大統領演説全文』による。)

〇五年五月一〇日、ドイツ敗戦六〇周年記念日にオープンしたベルリンの「ホロコースト記念碑」の情報センターには、アウシュヴィッツを生き延びた作家プリモ・レーヴィの、「いかなる予想も裏切ってそれは起きた。だから再び起きるかもしれない」という言葉が掲げられています。ドイツにおいては、ヴァイツゼッカー演説のメッセージは、二〇年後の今日に継承されているということが確認できます。

✣「歴史の記憶」が抹殺されようとしている

日本国憲法前文には、「恒久の平和を念願し」「平和を愛する諸国民の公正と信義に信頼して、われらの安全と生存を保持しようと決意」するとともに、「われらは、平和を維持し、専制と隷従、圧迫と偏狭を地上から永遠に除去しようと努めてゐる国際社会において、名誉ある地位を占めたいと思ふ。」と宣言されています。

「日本史の誤った流れ」がいかにして形成されたのかということにかかわる「歴史の記憶」が、「未解決の課題へのガイドライン」としてわが国の社会で役立てられているかどうか。そのことが国際社会におけるわが国の評価基準であり、くり返し露呈する、歴史認識におけるわが国と近隣諸国とのギャップも、これに起因します。わが国が、この基準をクリアーすることなしには、「国際社会において、名誉ある地位を占める」という、わが国家目標の達成は不可能と言うべきでしょう。

中曽根首相の靖国公式参拝は、「A級戦犯への礼拝ではないかとの批判を近隣諸国に生んだので、わが国の戦争への反省と平和友好の決意に対する不信にもつながりかねない」(86・8・14、後藤田官房長官談話)という判断に基づいて、八五年の一回だけで終わりました。

しかし、それから二〇年後の今日においては、「日本の首相が東条英機の霊を拝む姿は見たくない」という中国政府首脳の発言を「内政干渉」とし、「靖国参拝は小泉首相の信教の自由に属する」とする主張が声高になされています。

その一方で、「教職員が思想の自由を盾にして君が代に唱和しないのは、公務員としての信用を失墜させる行為で懲戒に値する」という攻撃が東京都や神奈川県の教育現場に横行しているのです。

日の丸は国旗だから敬礼せよ、君が代は国歌だから唱和せよ、従いたくない異端者は教職の信用を失墜させるもので、懲戒に値する――というような短絡的な考え方は、まさに「日本史の誤った流れ」の源流を形成した思想と同根のものであるのに、その「歴史の記憶」自体が抹殺されようとしているのです。

派かも知れません。しかし「思想や信条の領域において、多数者の賛同するものは特に憲法上の保障がなくても侵害されるおそれはないといってもよく、その保障が意味をもつのは、多数者の嫌悪する少数者の思想や信条である」と言われています（一九八八年六月一日の自衛隊合祀拒否訴訟—大法廷判決における伊藤正巳判事の少数意見）。

✣「市民の常識」を「学校の常識」に

「歴史の記憶」にこだわって、日の丸・君が代への忠誠を拒否する者は国民の中ではなお少数

前述した東京新聞の〇四年世論調査の結果にあるように、日の丸・君が代それ自体に対する賛否にかかわらず、「君が代斉唱時に日の丸に向かって起立することを教職員に義務付けるべきではない」とする意見は七〇％の多数を占めています。

朝日新聞が〇五年六月に実施した世論調査でも、「君が代斉唱時に起立しない教職員を処分していること」に反対する意見が61％、賛成は28％にとどまっています。国旗・国歌に対する忠誠を表明するか否かを選択する自由が教職員に対しても保障されるべきだ、ということは、今日では「市民の常識」になっていると言えます。

残念ながらこのような「市民の常識」は、今日の学校においては常識として通用するに至っていません。私たちはこの裁判を通じて、このような市民の常識が「学校の常識」になるべき

だということを、司法が指摘することを追求します。

あとがき

大日本帝国が敗戦を迎えた日、私はまだ五歳の子どもでした。山形県東置賜郡漆山村（現南陽市）にあった父方の祖母の実家に疎開中に、一九四五年の八月一五日を迎えました。その日、広間に大人たちが集まり、ラジオの前で泣いていたのを記憶していますが、もちろんなぜ泣くのかは判りませんでした。私の「8・15体験」は、その程度のものでした。

私の父は生きて帰りましたが、母の弟が米国領アリューシャン列島のアッツ島で一九四三年五月二九日に「玉砕」し、父の弟がはるか南方のブーゲンビル島で一九四四年一二月二五日に「戦病死」しました。

ブーゲンビル島にいた将兵の大半は、ガダルカナル島の敗残兵で、「戦病死」というのは要するに「餓死」のことだ、ということを、父に教えられました。

二人の叔父は、日本軍の延びきった戦線のそれぞれ北端と南端で命を落としたわけですが、それらの地域は、一九四四年九月三〇日の御前会議が「絶対国防圏」、すなわち「帝国戦争遂行上絶対確保すべき要域」として設定した範囲の外にありました。叔父たちは「圏外」に置き去りにされたのでした。

もちろんそれらのことは後に「知識」として得たもので、幼かった私に、叔父たちの「玉砕」や「戦病死」の重さが実感できたわけではありません。「日本史の誤った流れ」の形成にかかわる「歴史の記憶」を持たなければ、という意識が私の中に生じるまでには、さまざまな「学習」が必要でした。

一九六六年の夏、司法修習生だった私たちは、陸上自衛隊の練馬駐屯地の見学に連れて行かれたことがありました。その時、司令官室で見た世界地図には、大戦中に日本軍が最も遠くまで進出した地点がピンで示されていて、進出した年月日が記入されていました。しかし、前述の「絶対国防圏」とか、敗戦時の日本軍の位置を示すピンは全くありませんでした。そのことにいち早く気づいて「敗戦の日が書かれていない！」と叫んだのは、同期修習の大森典子さんでした。

当時すでに家永教科書訴訟は提起されていて、大森さんは、この訴訟にかかわりたいという意欲にもとづいて東京中央法律事務所を選択したそうですが、私にはそこまでの積極的姿勢はなく、たまたまもう一つのポストが空いていたために同事務所に所属し、家永教科書訴訟と出会うことになりました。

一九六五年六月一二日の第一次訴訟の提起にはじまり、九七年八月二九日の第三次訴訟最高裁判決で終わる、この「32年裁判」は、表現の自由、教育の自由、教育への不当な支配の禁止等にかかわる法理の確立をめざしたものであることはもちろんですが、文部省が検定制度によって追求していた主なテーマは、「戦争の悲惨な面を書くな」「明るい面を強調せよ」ということでした。

私は、家永弁護団の中で尾山宏先生や、大森典子さんの驥尾《きび》に付して学習する中で、少しずつ「歴史の記憶」を獲得していったような気がします。

家永訴訟の終結を待たず、一九九三年六月一一日に高嶋伸欣《のぶよし》先生が横浜教科書訴訟を提起しました。九〇年代の教科書検定にあたっての文部省の意識は、「アジアに対する加害責任を書かせるな」というところにあったと言えるでしょう。ちなみに高嶋先生のたたかいは一審判決（98年4月22日）で一部勝訴、二審判決（02年5月29日）逆転敗訴のあと、現在最高裁に係属中です。

家永訴訟と高嶋訴訟を通じて四〇年にわたるたたかいが継続した中で、教科書検定の実質的な「自由度」はかなり広がってきたと言うことができます。

しかし巻では、劇団四季のオリジナルミュージカル「南十字星」の惹句に、「アジアが西欧の植民地だった時代、インドネシアに出征した若き学徒はなぜ処刑台に消えたのか。夜空に輝く南十字星のように清冽に生きた名もなき若者の悲劇」とあるように、大日本帝国の戦争目的が「西欧の植民地支配からアジアの民衆を解放する」ところにあったかのような、歴史認識が横行しています。

戦争目的がそのようなものであったとしたら、細川嘉六氏が「世界史の動向と日本」と題する雑誌論文（『改造』誌一九四二年八、九月号掲載）によって「アジアの民衆の民族自決主義を尊重すべきである」と論じたことが、「国体変革」をめざす、治安維持法違反行為として弾圧されたことの説明がつかないでしょう。

細川氏をはじめ、芋づる式に検挙された人たちは八〇余名を数え、その中から獄死者四名、保釈直後の死者一名が出た「横浜事件」の再審請求に、私も一九八六年の第一次請求以来、現在の第四次再審請求まで取り組んできました。家永・高嶋両教科書訴訟や、横浜事件再審請求を通じて「学習」した私には、「アジアの民衆を解放する戦争」という歴史観の欺瞞性が実感できます。

そして、学校の現場では「学習指導要領の法的拘束力」をふりかざす文部行政の攻勢が強まっています。その経過は本文で紹介したとおりですが、「歴史の記憶」を抹殺されまいとする人々が昨年一月、東京で立ち上がりました。

君が代に唱和することを拒否したり、君が代演奏テープをスイッチオフしたりすることに対する処分とのたたかいは、福岡高裁や北海道人事委員会でも進められています。

偏狭なナショナリズムを声高にあおる人々が巷にも教育行政の分野にも闊歩していますが、日の丸、君が代は強制されるべきものではない、「こころの自由」の領域には公権力は介入するべきでない、という意見は大多数の市民が支持するものであり、「市民の常識」であると私は思います。

横浜地裁における私たちの問題提起が、先行する各地の裁判や人事委員会審理などのたたかいと呼応して、教育行政を「市民の常識」に引き寄せる運動の一環を形成するものとなってほしい、と思います。

なお、本書の本文（I～V）は、神奈川「こころの自由裁判」の訴状をベースにして執筆しました。訴状の作成には横浜弁護士会の多数の弁護士が協力していることを申し添えます。ただし、そのリライト版としての本書の文責は私にあります。

二〇〇五年一〇月二〇日

大川　隆司

大川 隆司（おおかわ・たかし）

1940年、横浜市に生まれる。1964年、東京大学経済学部経済学科卒業。同年、労働省に入省するが、その後進路を変更、68年弁護士登録を行う（第二東京弁護士会、のち84年、横浜弁護士会に登録換え）。以来、教科書検定訴訟（家永訴訟第１次・２次・３次、及び高嶋訴訟）にかかわり続ける。また86年から現在まで、史上最大の思想・言論弾圧事件、横浜事件の再審請求訴訟（第１次・２次・４次）にとりくんできた。その一方、住民訴訟、情報公開訴訟を手がけてきたが、市民オンブズマン運動の高まりの中で、97年３月、「かながわ市民オンブズマン」を設立、代表幹事となる（00年４月～05年10月には全国市民オンブズマン連絡会議代表幹事を兼務）。05年７月提訴の神奈川「こころの自由裁判」弁護団代表。

国旗・国歌と「こころの自由」

●二〇〇五年一一月二〇日――第一刷発行
●二〇〇六年 二 月一一日――第二刷発行

著 者／大川 隆司

発行所／株式会社 高文研
東京都千代田区猿楽町二―一―八
三恵ビル（〒一〇一＝〇〇六四）
電話 03＝3295＝3415
振替 00160＝6＝18956
http://www.koubunken.co.jp

組版／WebD（ウェブ・ディー）

印刷・製本／精文堂印刷株式会社

★万一、乱丁・落丁があったときは、送料当方負担でお取りかえいたします。

ISBN4-87498-354-5 C0037